日本史籍協會編

薩藩出軍戰狀 一

東京大學出版會發行

薩藩出軍戰狀第一

例言

明治戊辰の際、諸藩の朝命を奉じ、兵を出して征戰に參加せるもの百數十藩に上る、而して鹿兒島藩は其首位に在り。本書は卽ち同藩の隊長、監軍等が、各自その隊の戰歷を戰爭直後或は翌年に至り、藩廳に錄上せるものを蒐集整理せるものにして、本府、外城、私領の諸隊が、京畿を初め東海、東山、北陸、奥羽並びに箱館方面に於て、轉戰活躍せる經過を詳知するを得べく、殊に本府五番隊監軍山口仲吾等の上申に係る戰狀の如き、多年一部人士の間に論爭の中

心となれる、鳥羽伏見戰爭の發端に關する問題を解決する絶好の資料たり

本書は原題を單に慶應出軍戰狀と言ふ。茲に改めて薩藩出軍戰狀と稱するは、一見その薩藩の戰狀たるを知り易からしめんが爲めなり。仍ほ袖ヶ崎の島津公爵家が、本書の公刊を快諾せられたるに對し、本會は厚く謝意を表するものなり

昭和七年八月

日本史籍協會

薩藩出軍戰狀第一

内容目錄

慶應出軍戰狀　本府　一

隊名	上申年月日	上申者	出兵方面	内容年月日	頁
小銃一番隊戰狀	明、元、正、一〇	河野四郎左衛門 黑田了助	伏見、鳥羽、淀、八幡	自明、元、正、三 至同月、六	一
同　上	明、元、二、六	同　上	同　上	同　上	二
同一番小隊戰狀	明、二、二、一二	監軍 中村半次郎 河野四郎左衛門	市川、八幡、江戸、白川、會津	自明、元、二、一二 至同年一一、一二	三
同二番隊戰狀	明、元、正、一〇	仁禮新左衛門 飯牟禮齊藏	伏見、淀	自明、元、正、三 至同月、五	七
同　上	明、元、二、六	監軍 仁禮新左衛門 飯牟禮齊藏	同上	同　上	九

小銃五番隊戰狀			江戶、總州、野州、白川、會津	自明、元、四、一七 至同年、九、二四	一〇三
同六番隊戰狀	明、元、正月	六番隊	鳥羽、淀	自明、元、正、三 至同月、五	一一四
同　上	明、二、二、八	監軍 兒玉平藏	宇都宮、白川、棚倉、二本松、會津	自明、元、四、二三 至同年、九、二三	一二〇

慶應出軍戰狀　本府　二

隊名	上申年月日	上申者	出兵方面	內容年月日	頁
小銃七番隊戰狀	明、二、三月	小隊長 新納軍八 監軍 山本矢次郎	八幡、橋本、大坂、神戶	自明、元、正、六 至同年、三、二七	一二三
同　上		小隊長 新納軍八 監軍 山本矢次郎 半隊長 能勢十九郎	長岡、柳津、會津	自明、元、六、二三 至同年、一〇、九	一三五
同八番隊戰狀	明、元、二、六	監軍 相原甚之丞	八幡	明、元、正、六	一五三

隊名	上申年月日	上申者	出兵方面	内容年月日	頁
同　上		小隊長 赤松重之介 半隊長 仁禮喜右衛門 監軍 大橋喜右衛門	敦賀、高田、長岡、村上、庄内	自明、元、五、一〇 至同年、一一、一四	一五四
小銃九番隊戰狀	明、元、正月	監軍 柏良吉之助 野崎平左衛門	八幡	明、元、正、六	一六三
同　上	明、二、二月	監軍 竹内堅吉 半隊長 肥田喜八郎 分隊長 折田啓之介	平潟、岩城平、三春、二本松、會津	自明、元、七、四 至同年、一〇、九	一六五
同拾番隊戰狀	明、二、四月	中島健彦 若松平八郎	柏崎、小千谷、長岡、山形、庄内	自明、元、五、五 至同年、一一、六	一七九
同十一番隊戰狀	明、二、二、一三	半隊長 大島羽左衛門	平潟、岩城平、三春、二本松、會津	自明、元、七、五 至同年、九、二三	一九六
同十二番隊戰狀	明、元、二、六	監軍 川畑彦四郎 伊東隼太郎	鳥羽、伏見、淀、八幡	自明、元、正、四 至同月、六	二〇〇

同上		隊長 志岐正十郎 監軍 川畑彦四郎 伊東隼太	鳥羽、伏見、淀、八幡、關田、岩城平、三春、二本松、會津	自明、元、正、四 至同年、九、五	二〇三

慶應出軍戰狀 本府 三

隊名	上申年月日	上申者	出兵方面	内容年月日	頁
一番大砲隊戰狀	明、元、二月	監軍 奈良原長左衛門 兒玉四郎太	伏見、鳥羽、淀	自慶、三、一二、晦 至明、元、正、六	二一一
同上	明、二、四月	一番大砲隊	兵庫、江戸、八幡、白川、棚倉、二本松、會津、只見川	自明、元、正、一七 至同年、九、二四	二一六
二番大砲隊戰狀	明、元、二月	監軍 三原玄甫 仁禮源五右衛門	鳥羽、淀、八幡	自明、元、正、四 至同月、六	二二三
同上		同上	(戰死傷者の件)	自明、元、正、四 至同月、六	二二六
同上	明、二、四月	二番大砲隊	江戸、下總、宇都宮、白川、棚倉、三春、二本松、會津	自明、元、二、一二 至同年一一、二二	二二八
同上	明、元、一〇、八	監軍 仁禮源五右衛門	鯨波、長岡、寒河江	明、元、閏四、二七 至同年、九、二〇	二四〇

應應出軍戰狀 本府 四

慶應出軍戰狀 本府 五

目次

慶應出軍戰狀

本府 一

一番隊戰狀

一當月三日奉行所東方畠中へ伏せり少々打合
一同四日鳥羽街道にをいて五番隊抗戰之折横合より應援をいたし候
一同五日向島より淀之裏手へ迫り横合を入れ度の所早賊敵八幡橋本邊へ
退散故空敷淀城內へ引取申候
一同六日八幡中道より進擊いたし候處直に賊敵退散致候
右諸攻口進擊之時隊に抽拔群之功名致候者全無御坐候眞之少迫合にて
別段御屆申上程之事無御坐候以上
正月十日
河野四郎左衞門
黑田了介

覺

一去月三日伏見奉行所東裏手中筋より豐後橋迄六ッ半時比撤兵を以伏せ候處大概七ッ半時比にても候哉鳥羽街道方ハ砲聲いたし同時に打合暫時之間互に打止同夜九ッ半時分に御香宮へ引揚申候

一同四日未明より鳥羽街道東手田中より五番隊へ横合に入れ度旨引合に及候處未前に敵田中へ撤兵にて寄來卽ち戰爭いたし四ッ時分に追拂敵方街道一手に成臺場へ據り大小銃打掛九ッ時分に五番隊と一手に成共に乘取り夫より本隊伏見之樣引揚一番分隊を以交代中島村迄追退け七ッ半時分に三番遊擊と交代夫より伏見之樣歸陣仕候

一同五日朝五ッ時分より淀裏手より横合に入度賦にて向島へ渡り右同所へ參り敵之動靜を相伺候處最早八幡橋本迄逃去夫故空敷右城内へ宿陣仕候

一同六日朝五ッ時前木津川を渡り中道より八幡町へ相掛り少々打合敵落

去夫より二手に分け一手は八幡山より橋本迄追落一手は右同町より橋本迄追退候處無間同所臺場落去候故人數相圓め同八迄宿陣同日歸京仕候右先日於御前に獻言仕候戰爭之次第書付を以可申出旨致承知猶亦相調申候處右之通御坐候間此段申出候以上

辰二月六日

河野四郎左衛門
黑田了介

一番小隊戰狀

口上覺

去春伏見戰爭以來關東諸所に於て戰爭の形行巨細可申出候樣被仰渡趣奉承知候伏見戰爭の形行は於京都委細申上置候通御坐候

當隊は德川慶喜追討として東海道先鋒被　仰付同二月十二日京都致出軍同三月十一日江戶ㇾ致著陣候處慶喜謝罪仍て城請取等の事件に付暫時の間致滯陣申候時に同閏四月三日舊幕府脫走兵五六千騎も候や市川村舟橋宿其外總房の諸所ㇾ賊兵致屯集伊州藩備州藩其外諸藩兵隊繰出し戰ひ申候得共苦戰の由にて右應援の命を蒙り直樣繰出し舟橋宿迄致進軍候處最早賊兵敗走後にて當宿ㇾ一泊同四日馬加迄進軍致し候得共人馬兵粮等の手當出來不申候故佐倉城下まて五六里も候半右城下迄繰込一泊の上右手當等有て同六日千馬と申宿迄致進軍諸所探索等有之候處五井宿にて賊兵致出軍居段直樣一遊擊隊斥候隊として繰出す同七日當隊及ひ三番小隊御兵具隊其外諸藩兵隊と一同に千馬宿繰出す八幡宿迄致進軍申候處最早襲來り一遊擊と戰爭に相成申候に付一統掛口を定め一度に相掛り申候處賊兵五井宿まて敗走にて押詰申候に付川畑へ臺場等築立頻に致防戰候得共味方烈しく進擊いたし申候處終に賊兵大敗走にて川を押渡り三里か間致

追討候處賊兵の大勢散々に被打散姉ヶ崎城迄乘拔き當城ヽ一泊同八日八字比當城を繰出し木更津宿迄致進軍申候得共昨日の戰爭に致辟易候半船路より逃去り候形勢にて賊兵一人も殘り不申候併しなから探索かた〳〵に依て致滯陣同十日渡海にて江戸ヽ歸陣す同五月十五日武州上野の寺に楯籠る德川脫走兵五六千餘も候半右討手被　仰付未明より大下馬に繰出申候處上野の黑門通正面より掛り口相定り六字過大下馬繰出し黑門口より致進擊候處最早賊兵方より大小銃砲發す依て當隊は致撤兵黑門口東手え兵を伏し頻に晝過比まて攻戰ひ申候得共迚も難落見受申候處より各隊一統黑門正面より馳込み嚴しく攻擊して賊兵を諸方ヽ追散し臺場々々を乘取り火の手を揚け申候て兵隊相纏ひ候折節逃る賊兵黑門正面後へ突廻り致砲發申候に付當隊は此賊を追散し賊兵逃去り候上各隊兵を集め江戸え歸陣す同五月廿九日江戸出立にて同六月七日奥州白川ヽ著陣す當所滯陣中賊兵の大勢諸方より襲ひ來る事兩三度に及申候得共或は進擊し或は

防戰して大勝利を得申候八月八日白川出軍にて奥州二本松ぇ押出す同十一日著陣同廿日當所に繰出し玉ノ井と申所ぇ進軍一泊諸官軍茲にて掛り口を決し翌廿一日會領境ぼなり（母成）と申嶮岨成臺場の堅固を攻拔き手術にて當隊は無名の間道を經て突出候得共最早正面の味方に被打散逃け行殘兵を雉ケ屋と申所まて追討して其夜當所ぇ宿陣す翌廿二日八字頃より致進軍猪苗代ぇ休息致し申候處二里餘も候半拾六橋にて四番隊及ひ御兵具隊戰爭の由相聞得直樣進軍いたし申候處最早賊兵敗走後にて當所ぇ宿陣す同翌廿三日六字過十六橋進軍押詰々々致戰爭十字頃にも候哉會津城下六日町口より致進軍追手門前迄押詰申候處城内より烈しく致防戰翌廿四日七字頃まて奮戰して二番小隊と交代致し市中の宿陣ぇ兵を引揚け休息す當日夕方各隊を外堀まて引揚け武士小路惣て燒拂ひ外郭を可守樣命を蒙り右の場所非番當番にて堅く相固め三十日計か間致連戰候處會賊致降伏申候間九月二十四日江戸の樣兵を引揚け同十一月十二日御國本ぇ歸陣仕

申候

右之通御坐候間此段申出候以上

巳二月十二日

一番小隊

監軍

中村半次郎

河野四郎左衛門

二番隊

覺

正月三日一番分隊京町通左半隊兩替町通御堅被　仰付二番分隊之儀は中原尚〔猶カ〕介組大砲隊爲援兵御香宮鳥居下に相堅居候處夕方三ヶ所共に敵兵相掛互に及砲發京町通一番分隊之内小頭見習山之内半左衛門戰兵蒲

生彦四郎手負左半隊兩替町通には戰兵日高壯之丞薄手相負大砲隊援兵御香宮下にて戰兵平岡彥九郎即死小頭見習高城十左衞門加世田彌右衞門手負同夜四時分右援隊之人數奉行所屋敷竹藪ゟ相廻り打掛居候處四番分隊駈付同樣相戰同所にて小頭西藤次郎拔群の働にて終に戰死いたし戰兵町田仲次郎時任金左衞門押川喜右衞門靑山源七郎手負然處追々敵兵追拂候付一往同所ゟ相屯居又々役所の內踏越候橫矢にて致砲發候處終に敵兵落去奉行所屋敷ゟ操込申候

一兵粮方加治木淸之丞兵粮爲差引伏見御屋鋪ゟ差越候處敵兵襲來り同所にて戰死町夫一人手負いたし候

一同四日早天より安房橋邊ゟ敵兵相籠り居候付右半隊の內大砲一挺押立相向ひ致合戰其節玉棹取小山喜太郎手負同所敵兵追拂左半隊儀は京橋筋ゟ相向候處高松忍の敵兵今富橋堤ゟ砦相築き待伏居候付相掛暫時相戰候處敵兵逃去候付砦乘取八時分人數引揚手負無御坐候

一同五日五時分淀堤の様大砲二挺先に操出し相掛小銃隊の儀も間もなく追付一緒に相戰候處戰兵伊集院彦左衛門尾上爲八郎手負いたし同所の敵八幡筋ゐ逃去申候
右戰の形行可申出旨承知仕此段申上候以上
但隊中一統粉骨の働仕候別段名前取調不申出候
正月十日
仁禮新左衛門
飯牟禮齊藏

○

二番隊
邊見十郎太預り
但し隊長内山伊右衛門

十　病氣にて出軍不仕候

一正月三日早朝より一番分隊京町通左半隊兩替町通銘々相堅め二番分隊之義は中原猶助組大砲爲援兵御香之宮鳥居下ゟ差し越し相堅め居候處七ッ半時分鳥羽之方ゟ砲聲相聞候然處奉行所は勿論右三ヶ所之敵兵も直樣掛來り候に付一同砲發に相及ひ互に打合候處京町通にて小頭見習山之内半左衛門戰兵蒲生彥四郎手負兩替町通にて日高壯之丞薄手御香之宮下にて小頭見習高城十左衛門加世田彌右衛門手負戰兵平岡彥九郎戰死いたし同夜四ッ時分二番分隊之人數奉行所屋敷竹藪之内ゟ相廻り双方迫合之處四番分隊にも跡より差し越し共々相戰ひ其節小頭西藤次郎拔群之働いたし遂に戰死戰兵町田仲次郎押川喜右衛門時任金左衛門青山源七郎手負いたし四ッ半時分敵兵打擢候に付組屋敷内ゟ踏越火相放ち暫時同所ゟ屯居又々竹垣押し破り踏越相掛り暫時相戰居候處八ッ時分にも候半敵兵惣て逃去候に付人數引揚本堅め場之樣引取申候

一兵粮方加治木清之丞義兵粮爲差引同所御屋敷ニ差し越し候處敵兵襲ひ來り其節戰死外に夫卒一人同斷一人は手負にて候

一四日安房橋邊ニ敵兵相屯居候に付五ッ時分にも候哉右半隊人數直樣繰出し然處長兵は勿論外隊にも同樣繰出し相戰ひ居候に付小銃隊之人數は相控え置大砲押出相戰候處玉棹取小山嘉太郎手負いたし敵兵は追々逃去候に付八ッ時分人數引揚申候左半隊之義は京橋筋ニ相向ひ候處今富堤ニ高松忍之敵兵寨を相築き待伏居候に付相掛り暫時打合候處終に退散いたし寨を乘り取り七ッ半時分人數引揚申候

一五日早朝淀堤之方ニ砲聲相聞得候に付直樣大砲二挺先に押し出し小銃人數は火藥等相盡き居候に付都合いたし間もなく繰出し同所堤にて一同相戰候處大砲打手尾上爲八郎右同伊集院彥左衞門薄手相負八ッ時分敵兵追落し候に付淀橋涯ニ人數引揚七ッ半過比伏見之樣引取申候

右者隊兵合戰之次第書付を以て可申上段承知仕右之通御座候尤前件

西藤次郎義は別段粉骨之働爲有之者候に付此段分て申上候以上

辰貳月六日

二番隊

監軍

仁禮新左衞門

飯牟禮齊藏

○

一鎮撫使有栖川帥宮關東下向に付隨從先鋒たり辰二月十二日京師發足東海道通行して東京ゟ赴き諸所滯陣等罷成同十三日目黑ゟ著す白銀瑞聖寺幷に增上寺丸下姫路屋敷ゟ轉陣閏四月三日野州表出兵之官軍爲應援東京出立先是同國結城宇都宮等ゟ賊起て東山道ゟ向ひ候四番五番六番隊數々戰ふに依てなり同六日野州雀ケ宮ゟ著す則ち形勢を聞く當地の賊兵敗して無事なり然處翌七日總督府より　御軍議之旨有之兵隊東京

ゟ引揚候様　御使番を以て御達し相成り其節東京邊之動靜を問ふ總房之間に亂賊相生し出兵相成候段承り就ては適此地ゟ出兵致し候へ共平定之後にて一統殘念不少折柄直に總州ゟ相向ふ可く申し談し當所出立す同九日上總國東金に出る然る處總督柳原侍從同國長南ゟ御出張相成り居當地之事情奉伺候處大多喜松平豐前守未た御所置無之明日御出馬相成筈に付先鋒相勤む可く段仰せ渡され依て夫々滯陣罷在候處當城開城致し降伏之段報告す其餘は何れも平定に及ひ候に付翌日出立同十二日東京に著す同二十三日總督府より羽州庄內ゟ赴き應援致し候様仰せ渡され出立す同二十八日野州白河ゟ著候處四番五番隊長大垣等奥州白川屯集之賊徒攻擊之機に出會共に五月朔日四字揃にて白坂出立三道より白川ゟ進擊す右之方間道より二番四番相掛り六時比本道より砲發相始二番四番は棚倉街道を横切白川之右横山手より追下し進て攻め戰ふ町口にて監軍飯牟禮齊藏戰兵山本吉藏川畑金左衞門市來喜十郎時任金

左衞門手負す古後七之丞戰死す賊左之山上に登て防禦す一番二番三番分隊是に向ふて戰ふ賊敗走追て關門に入る其節戰兵前川爲八郎手負たり四ノ分隊は初發の町口より直に宿中ゝ掛る夫より諸道の隊一緒に相成り城内ゝ乘入候處前以て燒失し賊惣て退散致し候に付兵を圍めて當所ゝ宿陣す同五月二十五日白川より奥路二里計なる大田川と云ふ所に賊屯集之由聞え依て二番四番半隊つゝ長州大垣より少々巡邏として差し越し候處彼より砲發す則ち三方ゝ開き宿内ゝ掛る賊直ちに逃去す其節東郷助之丞戰ひ死す火を放つて賊營を燒き晝過白川ゝ引揚たり同二十六日未明より賊四方より襲來て白川を圍む二番隊は東京街道を守る左に大沼あり沼之橋を長兵守る賊頻に攻擊す左半隊左より掛り一番分隊は右より掛て援兵をなす其時戰兵三原七左衞門郷田猪之助夫卒金五郎手負たり賊しれて棚倉をさして逃る追打之十二字比堅場所ゝ引揚けたり同二十七日前日之賊襲來す二番隊は非番前にて兵具隊と共に大垣

之応援として金勝寺山に出つ三ヶ所に開き谷を隔て砲發す其折四番隊大垣勢本道より進て賊を突く二番隊も進擊す土州兵續て來る双方より攻擊賊敗す會津街道大谷地村と云ふに暫し足を止めて支えたり三方より巻て打つこたへすして又敗す戰兵西吉左衛門美坂彦六手負たり火を放て夜八過白川ゟ引揚たり同六月二十四日棚倉進擊四字揃にて白川發出す二道より掛る四番六番隊土州長州大垣兵隊本道より掛る間道旗宿之方より進むは二番隊兵具隊土州黑羽勢なり賊所々ゟ屯集致し候得共逃去り一人も出て合はず伴澤と云ふ所にて本道の勢と一緒になり同所より二ツに分り長土之兵は本道を押し薩兵黑羽勢間道より進擊し殆んと賊城ゟ近く賊こらへずして城に火を放て走る依て兵を集めて當所ゟ宿陣す同廿五日棚倉より三里南に當り釜子と云ふあり賊屯集之由聞え依て四字揃にて二番隊六番隊兵具隊長土大垣黑羽勢と出兵す其勢ひに恐怖するや惣て落去て一人も居ず力ら無し賊營に火を掛けて空く棚倉

ハ引揚たり同七月廿四日棚倉在陣之官軍惣て發出石川一泊同廿五日田母上ハ著す當所之賊も走て居らず同廿六日三春ハ繰込み城主秋田萬之助直に降伏す城を出て官軍を迎ふ惣勢當所に宿陣す同廿七日二本松領糖澤村と云ふに賊兵屯集すと聞ゆ二番四番六番隊二字揃にて進軍す夜之明くるを相待ち三方より卷て討つ賊之本營に不意に出て攻擊す賊狼狽して死する者夥多なり火を掛けて營を燒く十二字過三春ハ引揚たり戰兵江田喜平次手負す同八月十日岩城に於て終に死す同七月廿八日惣勢本宮ハ轉陣す同廿九日二本松攻擊なり二番隊掛口右半隊正法寺村午前より右之山手ハ相開き同所幷に關門屯集之賊兵ハ横合ゟ掛る敵敗して走る追打して正面に出て進擊す三番分隊は初發街道正面を押して擊つ正法寺村にて小頭見習鎌田彌九郎手負たり左に廻り搦手に向ひ賊を追て城内ハ乘り入る四番分隊は終始街道筋正面之戰ひに向て戰ふ戰兵山田十郎奮ふて戰ひ終に死す小頭市來宗次郎戰兵深見清次郎手負たり

町口關門より右半隊一緒に相成り大手口より城内ゐ入る其節戰兵尾上爲八郎戰死然處賊叶はずして城に火を放て逃去る兵を圓めて當所ゐ宿陣す十字比なり同八月二十日會津進軍惣勢二本松を發足す玉之井村に一泊同廿一日四字出立石莚より二道に分る一二三四五六小隊は左之方大山樵道之難所を踏分て吠鳴（母成）峠背面に出つ本道之賊破れて逃走するに逢ふ追討して大原村に一泊す翌六時に立て進軍す四番隊兵具隊等賊を追て十六橋に至り橋を越て對陣す夕方其所に到る四番隊と代て番兵を勤む夜半に到り三番隊と交代し廣野に休息す同廿三日天白くなるや賊足下に迫る先鋒隊直に戰ふ諸隊進擊し追て城下に迫り接戰甚し小頭奈良原彌六左衛門戰死す半隊長左近允新六分隊長武五兵衛戰兵簗瀨源次郎筒井治五郎毛利權之丞手負たり暮過賊後に廻て不意を討つ是を向て戰ふ小頭見習川崎休右衛門戰兵蒲生彥四郎榎本源次郎川崎仲之丞村岡源助手負す賊程なく退散す兵を集めて町家に休息す川崎休右衛門同九

月十九日三春に於て死す同廿四日大手口ゟ出て攻撃す城堅固にして防禦嚴整なり味方之諸隊晝夜之連戰ゆへ一先つ圍を引て武士小路を焼拂ひ遠攻するに如くは無しとて軍議決せり就て火を放て諸屋敷を焼き兵を揚て大手口外堀涯を堅む同廿六日大手口ゟ出軍して打合ふ敵頻に砲を放つ小頭市來宗次郎戰兵加藤鄉兵衞手負たり同廿八日加藤終に死す同九月五日越後口より向ひし官軍爲應援二番五番隊兵具隊其外各藩より差し越し途中諸所に賊屯集致し候得共斥候等先に進て追散す賊形見川と云ふに據て越後口之官軍を支えたり後より是を擊つ退散す其口開きたり彼官軍に逢て當所ゟ一泊し翌六日歸營す同九月廿三日賊降伏し城を開て出つ同廿四日兵を揚て會津出立なり

二番

隊　長

監　軍

三番隊戰略

一正月三日伏見大手筋新町通に我隊を備ふ鳥羽街道に戰ひ始ると直に大手筋より新町南二町目幷兩替町へ繰出し接戰又大手筋より三町目本門通に押出し攻擊夜半過賊奉行屋敷を去て敗走す

一同四日鳥羽街道へ掛らんと五時比新町通繰出しけるに賊京橋邊等へ出沒他隊と共に軍配我隊は二ッに分け蓬萊橋幷高瀨川筋三雲橋へ押出俱に接戰賊敗績す其れより鳥羽街道にも砲聲聞へし故則ち繰出しけれとも殆と止戰の時なり其夜此地に露次す

一同五日六字比我隊二番大礮隊と共に繰出し一分隊斥候として先に進む賊五六輩に行逢ひ追討して圖らす彼か構へし一ノ胸壁近く追ひ逼る時に賊より暴に大小砲發放大に奮戰一分隊幷大砲隊も續て又同し左り半隊は西傍竹林より橫に二ノ胸壁を衝く一二ノ賊壁多勢を以て拒禦する

事久しといへとも遂に持守する事能す二字比兩壁を棄て敗走す我兵等尾撃して澱の小橋に至る賊橋を絶ち川を隔て防戰するを頻に攻撃賊又潰散す

一同六日六字比八幡山の賊を攻んと押懸る賊川堤二ケ所に堅壁を構へ格戰す我兵等攻撃數刻を移し遂に其壁を乘取尾撃して橋本臺場に至る賊此地にも足を止る事能す悉く遁逃す

一閏四月三日上總國八幡邊に於て伊州備州の兵徳川家脱走兵と戰爭因て同日九字比三番隊一小隊應援すへきの令により卽刻東京を發し兼行市川の渡口へ至れは伊備の兵云八幡に於て戰ひけれとも援兵なきの故を以て此地迄繰引しか賊跡をしたひ川を隔て接戰彼今始て發銃を止む意に退散せしと云々時に市川宿炎焰天に漲る是猶豫すへきの機に非すと我隊替て川を押渡り且火を衝て追躡中山の法花寺へ押寄る賊銃刀彈藥打捨俄に落ち去しと見ゆ一番隊半隊も續き合して又跡を追て舟橋宿入

り口に至れは行徳より筑前の兵鎌ヶ谷より佐土原の兵繰出發放するに
出合時に賊より格別應砲もなし宿中へ繰入しに悉く逃去て唯手負のみ
人家に潜伏日黄昏此地に宿す
一同四日進軍賊跡捜索其據地を得す同五日下總國佐倉の領主堀田相模守
城下に進む國論の方向を察し又賊の巣窟を探り更に勦鋤の策を決し且
金穀の用を辨せしめん爲也同六日同國千葉へ轉陣
一同七日進軍上總五井の手前に又八幡と云宿あり其間にて戰始り賊麥畦
へ埋伏我隊幷一番隊幷一番隊半隊山趾に添ひ横を擊後を取切んと進む
賊機を察して引退し五井の内諸々の堤塘を扼し防戰するを攻擊賊敗て
進退據を失ふを山原に擊ち散し或は海中に追ひ入る復た姉ヶ崎の賊を
攻んと我隊は街道より左り正面他隊も各攻口あつて押寄す賊堅壁を扼
し一線に開散の兵を敷き我兵の進むを待受頻に發放するを奮戰衝突し
て壁に驅入賊扞禦する事能はす敗走するを追擊一里許にして止戰

一賊の巣窟房州木更津なり故に居んと同八日進軍賊海陸より既に遁逃して唯乘馬輜重を獲のみ同十一日東京へ凱陣
一五月十五日東京上野の賊を居んと六字比湯島へ押寄す賊見えす上野正面通に戰ひ始しにより我隊三番小銃隊横合に出奮戰して遂に黑門前町口の胸壁を攻破り半隊押出し乘取て己の壁となし大に戰ふ又半隊は其より不忍池涯より町家をくゝり敵合近く攻附隱見して戰ふ賊三四十人正面へ突出卽ち横擊す時に戰ひ墓々しからさるにより大小砲一齊に發放其勢に乘し黑門へ衝入の策決し方に進の勢に至りしか本郷へ掛りし長州等の兵未た應せす且火焰後の町家へ廻り進退の便ならさるを以て軍を正面より右傍へ轉すへきの令に依て轉軍す然に本郷の味方未た應せす故に又決策し各隊一同に進擊黑門打破る賊度を失ひ逃去るを境內縱横に追討す又賊寺屛に憑り或は要地に埋伏防戰すといへとも遂に攻落し寺刹放火四時凱陣

一六月十二日朝奥州白川仙臺街道大垣兵持場へ賊襲來六字比應援として繰出す賊山岳を扼し防戰するを攻擊して其山に攀躋る賊防き兼ね其山を去て後の山に憑る亦防守する事能はす散々に遁逃するを會津街道大谷地村迄尾擊又仙臺街道根田村を指て追討したる兵もあり故に方を轉して根田に進み相合す賊山趾野塘に埋伏防戰或は山岳より稠敷發砲我隊奮戰して山趾等の賊を追ひ散し又山岳の壘壁を碎んと兵を二ツに分ち攻擊す賊拒戰すれとも遂に敗れ壁を棄て落去す其の賊營を放火し一字比凱陣

一七月十五日仙會賊奥州白川大垣固場へ襲來援兵として七字比繰出しけれは既に賊其場を引退きしにより隊を二ツに分け一手は仙臺街道一手は會津街道と各押寄る仙臺街道の方は我隊の斥候兵一番隊半隊と共に先に進み賊泉田村の臺場に憑り防戰するを攻擊我隊一手は右手の山をつたひ横擊の策にて進みしか斥候等泉田の臺場を擊破り追討するに出

合して小田川村迄追撃す五番隊も石川口より小田川手前に衝出是亦合す會津街道へ進みし一手は賊山岳を扼し防戰するを追落し大谷地村より五六町許尾撃す兩手の兵倶に十二字比凱陣

一八月二十日會津に進軍せんと二本松を發し玉ノ井なる村へ投宿廿一日未明玉ノ井を發しぼない(母成)本道を扞禦する賊の後を取切るの策にて各隊

一同石筵と云村より無名の間道數里の山徑を經賊の背後へ出しか既に本道敗れて少く落行兵に出合ひ追撃す

一同廿一日猪苗代に進む賊陣屋自燒して退散又進て戸ノ口に至れは先進の隊既に其橋を乗取て戸ノ口より五町許進て原野に防哨を設く我隊夜十二字交代曉に徹す是地に長州土州の兵も亦同し

一同廿三日拂曉賊潜に間近く寄來我隊幷長土の兵と合し接戰賊敗走迯るを追ふ彼れ道路三ケ所に壁を築き大礮を以て防戰すといへとも一々撃散し城下近く瀧澤峠に至り彈藥をつめ又進て市中幷士小路を經沿道行

々戰ひ終に八字比若松城屏柵迄攻付惣勢も追々續き合ひ攻擊す

一同廿四日曉より我隊天寧寺門を守る時に勢至道口を守るの賊右門へ掛り城中へ歸るの機を察し預め伏を設け置き機合に乘し討擊追て近村に至り又本の持場へ歸る其日迎兵を設け城下を一圓に燒拂の策決し約の如く放火し且發放して以て三日町門より不明門迄郭內の□堤を守る時に放火に乘し賊城より繰出し五番隊の同場へ懸り接戰故に我隊半隊應援す

一白川滯陣且會津進擊幷滯陣中番兵或は應援等の小戰は舍て不記

○

四番小隊

川村與十郎組

一辰正月三日七半過より戰ひ夜八ッ時分比迄城（伏見）中東向裏門通幷二城內に

て相戰ひ申候
一同四日京橋近邊市中にて四ッ過比より晝九ッ半比迄戰ひ夫より西之方市中出迦れ川筋にて高松勢と戰追落申候
一同五日淀川筋にて晝四ッ過より暫時相戰申候
一同六日朝六時より淀城より繰出晝七ッ迄相戰ひ申候

三日夜伏見城中にて深手　山内雄助
同夜右同腰深手　吉田彥五郎
六日八幡にて淺手兩度　大脇源次郎
同日八幡にて深手　中村新五左衞門
右同斷深手にて當地に於て相果申候　柳田藤左衞門

右之通御座候間此申段上候以上
辰二月四日

監軍

永山彌一郎

平山龍助

隊兵之合戰之次第尚亦書付を以細詳可申上旨仰渡され左に申上候

四番小隊

川村與十郎組

辰正月三日御臺所御門江相勤居候處朝四ツ前にも御座候哉只今より伏見之樣出張致す可く旨承知仕夫形繰出九ツ半比伏見江著仕則ち奉行所東向裏通江隊建付夫々人數配等仕置此內出張仕居候節六封度大砲一挺臼砲二挺玉藥揃置彼表江召置候に付臼砲之儀は後畑地要所見定居付彈藥等込置候て彼是時を相移候內最早七ツ半比にも候哉鳥羽筋江砲聲相音《マヽ》候處御香之宮下江備居候大砲隊より右を相圖に大砲臼砲總て奉行所江差向數發打込み申候尤敵よりも大小銃打ち候て迫合候內夜九ツ時分

にも候哉長兵奉行所ゟ繰入接戰いたし候に付一番分隊之儀は同斷奉行所ゟ繰入御香之宮前竹藪ゟ伏置暫時打合候處敵方にも程なく打止引退申候其節山之内雄助吉田彦五郎手負申候且大砲之儀は少し繰下け直に裏門ゟ押付打込み奉行所内垣押敗り長屋ゟ火相付一同押入大砲奉行所内ゟ押入殘黨等之戰暫時御座候處稍敵砲も打止一人も不居殘總て遁落申候姿に有之深手之賊兵隱居候者抔切捨申候然處頓に諸所火相付其儘人數引揚申候

一同四日五ツ半比にも候哉鳥羽筋を向繰出候處安房橋近邊市中小路にて長兵殘賊との戰甚しく右ゟ應援いたし暫時戰大砲にて打摧且臼砲相用ひ候處間なく後は市中ゟ火相付夫形追落し申候に付人數引揚け暫時相休み候處西之方ゟ砲聲相聞へ候に付一分隊差出し候處長土之兵高松勢との戰ひ之由に付右ゟ一同人數押し廻し候處其内四五人程横より打付終に相破れ玉藥箱等過分に打捨て遁去申候尤其節歩兵一人生捕外に陰

れ居候者は切捨て申候て御香之宮脇迄引揚申候晝七時分に御座候

一同五日朝六ッ時比より淀ゐ差し向繰出六斤大砲一挺二十度拇《ドイム》一挺押し立て淀堤にて二十度拇三發程打申候戰暫時にて相止み間なく淀橋市中等火相付賊兵も落申候に付半隊は淀城ゐ繰入半隊は市中ゐ宿陣仕候

一同未明より淀城繰出船にて押し渡り八幡筋堤へ押揚候處最早敵方より大砲數發打掛候に付小銃之儀は十町餘相隔居候場所にて堤内ゐ伏せ置き二十度拇幷に六斤大砲丈堤上ゐ備付置矢玉相定め數發打込候處其内燒玉有之敵方備居候後ろ市中ゐ火相付候處終に遁落申候二十度拇之儀は臺相損し其儘捨て置申候然處右ゐ當り橋本筋之戰甚しく候に付夫ゐ一同押立て諸隊ゐ相交り戰ひ候節中村新五左衛門深手柳田藤左衛門則死仕候大概七ッ過比迄にて敵陸臺場相破れ遁落申候夫より橋本臺場ゐ山手より人數繰卸し候處最早臺場等打捨て遁落候跡にて橋本ゐ宿陣仕候

一同七日八日同斷橋本ゟ滯陣仕候
一同九日晝七ッ比出帆大坂ゟ當夜九ッ時分著船仕候
一同十日堺迄一同差し越し一宿翌十一日歸坂仕候
一同十六日より　征討將軍樣御供にて大和邊より紀州迄差し越し同廿三日歸坂仕候

中村新五左衛門
山之內雄助

右は拔群相働候者にて深手等負ひ未た生死之程も相知れ不申候間此段分て申上候以上

四番隊
監軍

辰二月六日

平山龍助
永山彌一郎

○

追加

柳田藤左衛門安則は性純良善く人と交り未た曾て人と抗爭せす旬月の間陣營稠人中に在りと雖とも一も忿爭の擧動を見す故に皆人其和を愛せさるはなし正月五日八幡の戰に銃丸頭に中り卽死す年二十五實に沈勇溫和にして命の長からさるを歎惜す

山內雄助弘道者性剛毅義を見て勇あり平生言ふ士たるもの國に報するを以て先務とす戰場に臨みては必死を期すへしとまた時勢を察し務て隨時便宜の說を建て軍容の類須く舊套を脫して輕裝に改むへしと衆論同せすといへとも固く執て屈せすされは正月四日伏見の戰に銃丸胸を洞す故に醫院に療養を賜ふ其間かならす平愈を得て再ひ難に赴ん事を希望する事切なり然れ共重傷なれは藥力效なく遂に三月四日を以て沒す年二十有一

嗚呼弘道者言行一致義勇卓見の壯士と稱すとも誣るとせす

四番隊長誌

二月十三日京師を發し東山道を進て濃州加納に著し城主永井侯過日關東より歸國に付肥前守殿はしめ家來共へも關東之情實總督より御尋にも相成候得共形勢紛々として全く不相分候付先して賊兵碓氷峯等之險に據るを恐れて我軍道を倍し兼程せん事を總督ゟ及建言速に御許容に相成薩長土大垣因州藩ゟ斥候を被爲命土因之兩藩甲府道に赴き東山道には長藩貳拾人隊長梨羽才吉大垣四拾人一隊長長屋益之進也三月五日に上州高崎之城下に晝正午比に著いたし候處徳川氏陸軍所標札可有之と知識源助見屆之速に其標札に向て尋れは除きて無之故に宿屋之亭主を呼て客人に面會すべき旨を達しけれは暫して渡邊亘と名乘て面會す尋問するに央に長藩片山正作等も參掛り我旅宿ゟ可參旨達して歸る暫時に及へとも參らす亦

知識別府氏等差越同道して渡邊外に壹人來る兩人に向て尋去何用にて當地に可被參哉兩人云今般官軍御下向に付江戸より御警衞方として兵隊を繰出し人馬宿賦として唯今當所へ參候と答ふ然は陸軍所重役より差圖にて候哉と尋れは其儀巨細不相分といふ隊長古屋作(佐久)左衞門何篇存知罷在追付當驛に可著と答へけるに數多之兵隊を以て御警衞なと可申譯更に無之眞に謝罪相立度趣意に候はゝ江戸に上下一同愼鎭して妄りに兵隊を以て御警衞なと可申道理も無之勿論彌其趣意に候者一と先差圖を得てすへき事こそ當然に候處未謝罪不相立候内に私に數多之銃隊繰出候儀不審之條々可有之と兩人に達す此方も追付當所發足に付無別儀謝罪歎願趣意あらは是より兵隊早々江戸に還し可申旨を古屋等重立候者ゟ屹と可相達と兩人に向て演舌して夫より高崎を一字比に發し新町宿に四字頃に著す直に探索人等深谷本城(庄)邊迄差出候得共古屋進兵之樣子も更に分らす此夜鴻巣行田邊へ兵隊屯集之風聞申付る三月六日深谷之驛に晝頃に著す當所之仕

人本忍藩川上豐太郎を以て行田羽生陣屋邊ゟ探索方差出候處武州羽生德川氏之陣屋へ兵隊千五六百人繰込過日大砲六挺彈藥駄荷數多運入れ銘々餅等を民家に命して非常之用意いたしたる由巨細に相分候六日の夜德川氏の監察櫻井庄兵衞徒目付前島藤藏面會いたし度との事に付我旅宿ゟ可參と及返答候處二名來て云今般官軍御下向に付主人初一統恭順之道相立度趣意右に付歎願書梅澤孫太郎持參仕候に付不都合之儀共萬々一到來仕候ゟは此上何共重々恐縮之至に付御警衞方として主從七人罷在候間差圖相待居候との事也然者昨日も陸軍所役人と申候ゟ高崎城下におゐて及應接候處種々僞言をこしらへ今朝に相成候處武州羽生村陣屋へ兵隊千四五百人餘屯集之由慥に相分り右等定ゟ御存知も可有之哉及尋問候處全く不存事と答ふ江戸より兵隊三月三日に發足すと聞得候間彌御承知無之筈に候半と申掛候處全く不案內と申せは御嫌疑も可有之は當然に候得共實々不存儀にゟ乍併熊谷の驛邊にて步兵見請候に付以前より參居候者も有之

候に付江戸に可還樣步兵頭ゟ達し置候と答ふ然者彌江戸に歸り候哉と相尋候へは其儀何とも難申上と答ふ尤羽生村陣屋ゟ運入候大砲駄荷彈藥類長持等過分に有之員數之證紙を以て差出相尋候處右等の次第有之候而は此上何共恐入候付如何取計可然哉と申出候に付謝罪歎願いたし度候はゝ羽生陣屋之兵隊早速江戸に還し爲確證砲銃機械彈藥等都而一と先此方に可被相渡右之實行判然不相立候而は難信用勿論數多之兵隊を以て御警衛なと可申道理更に無之軍器を相渡候而以て其儀なきを明白に可致樣及應答候處何方驛にて可差出哉相伺候付熊谷之驛にて明後八日期限を定而可相請取と達候處萬々一右之都合遲延に及候而は重々御不審を蒙り候に付延日歎願に付明後々九日に期限を立而無相違可相渡旨及返答櫻井前島當夜五ッ時退坐す同七日迄深谷驛に滯留當所にて大宮宿正義之町人内田幸七來て羽生村邊武州野州之形勢を告羽生之兵恭順之勢ひ無之官兵之中軍を襲ふの計策ありと依て諸方に探索人を出す同八日深谷を發して熊谷の

宿を晝正午に者す追々諸隊著陣に相成候得共先行する事不得已次第にて斥候隊御斷申出熊谷驛に滯留櫻井等過日之談判虛實を顯すの一事を以て一隊確論行を止て其返答を待つ賊兵不服之勢ひに候得共此時一大事之機會に當り道を以て諭し不服を征討するに一決して探索を行田の邊りに出す晝過になり二大隊餘之兵行田を過て利根川を差して例幣使街道に向ふとの報知あり賊兵の謀計於此判然也依而長大垣の斥候隊に通し夜に入を待て當夜五ッ時比熊谷の驛を發し三更の頃利根川を渡り曉に太田驛に著す驛所にて賊兵之多寡動靜を尋れは是より三里梁田驛に昨夜半頃に及んて千四五百人餘著したりと先驛より通之と告く暫し歩を止めて大垣の兵を待合ふ處に賊の兵粮手當密に太田の驛に告來る旨を何事共分らすして宿役人告之我寡兵なれは夫より進て未明に不意を擊に利あるべしとの論に決し飯食步を止めす行進を速めて長兵貳十人は梁田拾町前より右に分配し本道大垣を先鋒とし共に我兵先行するもあり我平山喜八郎先行して

賊之番兵を撃と夫より二藩の兵驛の正面左右田畔に解散して戰を初る時
尅朝六ツ半過也暫時烈戰敵砲銃を以て防戰すれとも左右横合より不意に
町家に突入り敵を狙撃する事數多也當朝川霧深くして五拾間計を隔ては
敵味方とも分らす我寡兵にして實に雲霧天幸といふへし戰ひ晝前に終る
賊大敗して逃遁するを追撃し兵を梁田驛に揚けて宿陣す此時戰死橋口與
助坂元亮之助手負四人也賊兵死骸百十三人ありと宿役より告之翌十日早
朝梁田を發し熊谷の驛に歸陣し葬式を行ひ同十三日江戸板橋に著す

斥候隊
薩州藩
川村與十郎
其他兵士面々

去る三月九日於野州梁田驛一戰賊徒及敗走候趣征東初度之戰官軍御勝利
と相成候事

諸士盡力之所致　御感被　思召候尙此上精々可勵忠勤御沙汰候條一同可
被相心得候事
三月十五日
東山道先鋒總督
參謀

薩州
右野州梁田驛にをゐて賊徒屯集砲銃を以て要地に據り官軍を相抗し候處
遂勇戰忽及掃擊殊に初戰之儀三軍之氣鋒をも與し現地之情實達　叡聞
御滿足に被　思召候猶此上擢精忠速に賊巢令平定可奉安　宸襟旨被　仰
出候段戰士ぇ可相達樣　御沙汰候事
三月十九日
三月十三日江戶板橋宿に著陣同十八日飛鳥山金輪寺ぇ致轉陣四月廿四日
迄滯陣にて其內追々宇都宮邊之形勢相分彥根藩小山驛にて苦戰之由に付

五番六番小隊繰出に相成候跡惣督府御警衛として致滞陣候處諸所合戰報知も有之已に惣督樣御出馬之御賦候處同日に相成御延引にて夫より當日發軍同く廿九日宇都宮に致著陣候后四月十三日に昨今より野州眞岡邊ゟ賊兵追々見得來候段舊幕之代官山內源七郞宇都宮陣に報告す賊兵之衆寡分明ならす候得共過日房總の一戰に敗走し會津を差して落來候敗兵ならんと喜連川邊りに押出待設け可擊に決し十三日晝比宇都宮を發軍喜連川之驛に夕景に著しけれとも尙眞岡の情實詳ならす故に滯驛して賊の動靜を探索せんことを喜連川藩に請へとも更に王事に勤るの志なきのみならす慶喜之弟なれは士人にをゐても彌言語異也勢ひにより反するの色有りて實に不屆と云ふへし同十五日に及んて眞岡の賊兵散亂して大田原領黑羽領之間道を通り鍋掛越堀宿之邊りを拔けてなす野ヶ原に掛り三戸小屋口より會津領へ落行候との說十五日に至明詳す喜連川より宇都宮に事實を告け同十八日進んて佐久山の驛に次す同日長兵一小隊四拾人大田原驛

に出て斥候として關屋口の番兵を追擊し聊無懸念旨を長藩楢崎賴三書翰を以て報告す又翌十九日には會境より追々兵を繰出して切迫之形勢を告直に染川彥兵衞馬上より馳て其事情を聞す彌賊兵三戶小屋口より繰出し黑羽領之板室村を出先の根據として大田原領上油井村百村邊ゝ兵を分け不日襲來之勢ひ也と云々同月廿日進んて大田原之驛に晝頃に著陣す重臣大田原數馬抔來て領內の危急を告け又黑羽藩村上一學大沼涉等も來て板室邊之形勢百姓共より報知之旨を演舌するに賊兵大田原城黑羽城を乘り取り要地に盤踞して官軍を抗拒するの勢なりと依て兩藩の守備嚴にせんことを談判して尙賊兵の進止を領內百姓共を以て探索すへしと云々此時賊之勢ひ熾にして先せは征し易く後るゝ時は大に失策なるへしとの論あり明廿一日板室村の背後に突出る時は敵狼狽して寡兵を以て衆を擊に必す百勝の利ありといへとも板室村は險地なれは廿日の夜より六里の山路を夜行せは彌疲勞も不少殊更强雨にして道路惡きのみならす今一と先兩

藩に命して賊之進止を糺して決せすんは敵若し我之背後に出る時は大に機を失ふへし暫く時を移す間に又大田原士民之報知に二里餘之鹽ノ崎村に賊兵押來候段藩士來り告夫より板室村背後之攻擊を止て彌明曉鹽ノ崎村の進擊に決す大田原の驛を正曉に發し奈須野ヶ原徑踏迷ひ漸々朝五ッ前に鹽ヶ崎村に至れは昨晝百人許來て今晝三百人繰込候に付兵粮手當等申付近村より追々粮米を運ひ來るものあり入るを禁せす出るを制して長大垣三藩之兵を分配して板室村口之通路に埋伏す四ッ時比斥候四人來りけれは捕へて斬首す無間も本隊三百人餘押來候處伏兵一時に連擊す亦鬪屋口の賊兵二小隊位村裏に來繰入んとして怪猶豫する處を亦一時に連發して追擊す時已に夕方に也けれは此夜陣を停て民家に宿す中村新五左衞門伏水之陣に疵を負ひ漸平愈し來て又重創を被り終切斷す同二十二日晴朝五ッ時前より板室村に進軍す上油井村迄は奈須野ヶ原山林平原廣地にして四里餘の道程なり油井村八町餘手前にて士民に逢ふて油井村板室村

屯兵之樣子を巨細に聞夫より敵の埋伏を懸念して三藩の兵拾貳員を以て三拾餘人林中を散歩して進む油井村四町餘前にて敵の斥候を見掛て追擊す直に油井村之賊兵を打拂ひ大敗してあくと村之險地に據り烈敷防戰す此地表面急流の川あり四町餘の溪を隔てし場所なれは難所の地形也砲を正面に當て川を挾みて連擊する央に染川彥兵衛二階堂右八郎左近允彌兵衛樺山覺之進森善四郎別府清二野津正之進重久雄七八木彥八郎河野仲五郎川上周藏抔川の上手を涉り巖石を越へ遂に繞て敵の背後山上に突出前後より合擊すれは敵大に狼狽散々に敗走し其機に正面之兵一時に進て追躡尾擊して板室村の根據を攻擊す正面に砲を備へ防戰すれとも終に敗して三戸（斗）小屋口より會境に退去す此一戰背後之決策ならすは日を込て攻るとも險要の地なれは如何ならん實に背後の功と云ふへし戰ひ朝四ツ時比より始て晝過に終る敵を殺擊すること數多にして愉快の一戰也味方手負森岡長左衛門也夫より板室宿を燒拂百村に掛り奈須野原殊に濕泥暗夜に

して十里の道程なれは漸々大田原に夜四ッ時比に歸陣す然るに過る廿日白川城敗落すと云々翌廿三日大田原に滯在追々報知も有之落城彌詳なり同日夕白川の賊大田原より三里餘の鍋掛越堀驛邊まて參り不日押出候形勢と黑羽藩より注進す芦野まて五里餘之道程地形も悪けれは賊兵繰出來て抗拒する時は大に損害不少とのこと也翌廿四日進軍に決して當朝大田原を五ッ時比に發し五里餘の芦野驛に晝頃に著陣す直に白川の動靜兵の衆寡を探索せん事を芦野藩命しけれとも白川落城已來殊に奥州野州の境に明神あり夫より士民にをいても反心を顯はし間者を入る事甚難しと此時いまた奥羽之諸藩叛逆事實分明ならす落城以後三四日之間なれは片時も此機會を失はす復城せすんは奥羽之興廢時機此一擧に可有之と地形を粗探索し長兵一中隊大垣同員寡兵なれは夜襲の攻擊至急に決す芦野驛夜四ッ時頃に發し二里餘之境明神に至れは從是會津領と大木に書す於此番兵を捕へて斬首し亦白坂之驛にをひて賊の間者を殺害す小丸山に到て三

藩の兵を揃へんとす當時連雨道も惡敷のみならす五里餘之路程殊に暗夜にして晝夜十里餘兼行し連日之戰ひ疲勞も不少三藩の兵遲速もあり已に夜襲の攻擊時尅を失ひ行を止めて兵を揃んとする內に常番の斥候隊河野彥助一列正面の關門に相進み敵兵列を立て眼燈を照して我來を尤む距離纔に四五間にして直に連擊す夫より砲聲を聞くや本隊も續ひて右之方に進み一番分隊大沼の邊り小松山之利地に伏せ殘り半隊大沼之右より進んて雷神山に登り伏兵を擊山上にて暫時攻戰す正面關門横手より攻擊すれとも兵寡にして空敷兵を本道に還す時尅已に晝頃になり正面に突入れは未明より苦戰敵と對すること纔之距離なれは息を繼の間もなく銘々百發餘之彈藥も盡果一同奮起大聲を發して烈敷決戰終に砲臺を乘拔一時敵を追拂ふ於此死傷不少爰に死する者河野彥助染川彥兵衞中原休左衞門池之上新八二階堂右八郞田中藤五郞元肥後之人竹川直枝也此所に進んて無難なるは樺山覺之進重久雄七知識源助奈良原源之丞左近允彌兵衞也彌兵衞

は重創三ヶ所に請け終に横濱にをひて死す赤塚源之進は左之山手にて本道を横撃する敵と戰銃丸を受けて死す未明より戰晝に及ひ寸時砲聲止ます攻進すれとも兵寡にして正面は左右深田なれは兵散開して攻進することと不能の地形にして衆寡の勢ひ一時の奇策を失し城を拔事不能して陣を芦野に還す翌廿六日追々諸隊著陣芦野より三里餘之白坂驛に繰出す廿七日四番小隊白坂に進み同廿九日に相成三藩之兵員凡七百餘なれは彌必取之議を決し五月朔日之攻撃正面地形よからす故戰を先に初る時は必す賊防禦之術を前に盡さん其機を狡り左右より攻撃せんと議して二番砲隊半座兵具隊二拾人餘臼砲隊正面に進大垣長屋一隊拾四人過日地形之案内もありしゆへ本道に進て左の岡を急速に乘取らんと此地敵の横撃を防くの兵也原海道には我五番と第二砲二門大垣長州之兵惣而進我二番小隊四番小隊棚倉街道に出て白川の横合に出んとし白坂宿郷士大半(庭)八郎を案内として白川七八町手前黄泉坂に至ときき四番小隊先鋒にて戰を初夫より攻撃

半隊に分配し互に奇となり正となりて數岡の賊を撃貳番小隊と雷神山之嶺に合して會兵と烈戰し終に圍むて砲臺を乘取り山際に賊を殺斃する事五拾餘人進て正面之關門涯迄突出し左右正面と一時に合す櫻町に突入し兵は町涯之關門之邊りにて戰一時砲聲烈敷戰晝比に終る夫より半道餘大やち村迄追撃して陣を白川之本町に還す實に愉快之大戰にして獲首六百八拾二級也五月廿五日烏峯邊諸所賊兵屯集之由に付地形旁探索いたし度との由長大垣二拾人餘つゝ我二番小隊四番小隊非番前に付半隊小田川驛に押出候處仙藩百人餘屯集いたし及一戰賊敗走し驛中を燒拂ひ夕景白川に歸陣す此戰に堅山莊八手負也同廿六日原海道一分隊にて番兵いたし居候處朝五ッ時分賊兵寄來り直に一隊出張湯本金勝寺奥州本道棚倉海道諸所之間道四方より攻來候に付諸方戰一時に相始り晝九ッ時分比迄にて賊敗走し追撃して原海道より湯本に到軍を還平常之通固場番兵一分隊を以てす翌廿七日奥州海道襲來模様に付大垣より持場人少にして應援相談付

半隊繰出候處襲來樣子も無之奥州海道巡邏として追分之邊迄出候處山徑を越襲來候付伏兵を儲け討へきに決し居候處大垣の兵本道に顯れ出策空敷なりて戰を初亦金勝寺山手に襲來之賊兵は二番小隊に追擊せられて大やち村迄責落し四番小隊も共に合して追躡尾擊し賊大敗し終に昏瞑に及て歸陣す六月十一日石川街道當番にて二番分隊鹿島番兵所ニ相固居候處當朝六ツ半時比砲聲相聞得關山之方へ斥候差出候得共襲來之樣子無之五ツ比相成石川本沼之兩道より賊兵千人餘急速に押寄櫻岳の山手に押登り二番分隊山手防戰する内に四番本隊續來て鹿島を守り三番分隊からめ村山上より繞りて賊の横合に狙擊して本道に突出す一番遊擊正面にて戰賊大敗し本沼之邊まて進擊す此時からめ村の川邊にて會之隊長井口源五を田中周藏討取之兩所賊兵一時に敗退して日午歸營此戰に手負樺山覺之進林太郎兵衞谷山彥兵衞也同廿三日相成候處總督鷲尾殿御著陣に相成土州阿波の兵も著陣いたし過日海手より應援の兵小名濱へ廻船の報知有之候

得共爾後攻擊の模樣更に不相分棚倉三春二本松城は海手より攻擊するの軍議江戶大惣督府御決定也と夫迄は白川之兵擧動致すへからさるの御沙汰ありけれ共棚倉城を拔て海道を開き合して諸方攻擊一時に決せんと白川の軍議決定して同廿四日黎明發軍二番小隊兵具隊土州之兵關山の右手より金山宿の橫合に出んとして黃泉坂を過て右に分れ本道我四番小隊先鋒として進む關山麓を過る時山上の屯兵砲銃を以防禦すれとも不顧疾行應擊せすして新合渡村にをいて戰を初む暫時も防戰する事不能敗兵を追擊して金山の宿に到れは砲臺を設け防戰といへとも一時支こと不能須臾にして砲臺二ヶ所を拔き新合渡より此に到て手負永山彌一郎肝付半左衞門竹原半兵衞種子島淸之助湯之前藤八也又軍を進て棚倉城を距こと二里餘にして間道を通り我藩各隊城背を攻擊せんと軍を分ちて進擊す城中防戰する事不能自燒して落去す折しも霖雨之節なれは六里餘の泥路にして寸時も兵を停ことを不得して漸々晝八ッ半比に著す城外にをひて小戰遁

兵を追撃して陣を此に滞む夫より海手之軍に報告して棚倉に滞陣すること三旬七月十三日白川にをいて戰ひし七士之忠誠を追懷し聊靈魂を為奉慰塔を獻立其銘云

慶應四戊辰中原尙志河野道明染川實行赤塚直人池之上某二階堂行信武川某七士戰死實后四月廿五日也矣期時不幸而進兵於白川城不能拔返陣芦野同廿七日再進次白坂驛同廿九日決必取之議成矣五月朔日蓐食兵三道而追賊雖盡防禦之術奮戰拔之焉獲首六百八十二級聊足慰亡魂爾後守白川月餘及六月廿四日亦進擊棚倉城拔之偶七月十三日為弔七士之靈語七士平生甚有感於此乎獻立石燈一基垂蹟於不朽云

薩州第一大隊

四番小隊

七月廿日海手之參謀棚倉に來て三春城を攻ん事を議す三春は拾二里餘之路程海手之里數同しけれは廿四日發軍を期して同日棚倉を發して五里餘

之石川驛に宿し廿五日蓬田に進み海手は仁井町に出合して軍議を決せんとの約定にて土長の兵蓬田に止り我軍二里餘之田母神村に進み廿六日三春に著し城主降伏して謝罪當夜二里餘の二本松領糠澤村に賊兵屯集の由に付夜半比より二番小隊四番小隊六番小隊糠澤に攻擊す二番本道より正面に進み四番は右に分れ早朝六ッ時比戰を初め賊營を圍み一時に賊兵許多討取り賊兵大に敗走して本宮川迄追擊し夕暮三春に歸陣す當日各藩の兵を本宮に繰出同廿九日早朝五字揃にて發軍海手の兵先鋒となり二番四番六番援隊にて候處先鋒隊城内を距事拾町餘にして右に兵を開き山手に據り本道空虛となり此所にて援隊意外の先鋒となり相進候處柵門より六七町前ょり賊兵相支へ候得共烈敷進擊に及ひ柵門涯に砲臺を構へ多人數相固め砲銃互に打放し候内四番半隊餘の兵城山の背後より突入正面攻擊一時にして城中放火落去八月五日方に相成候處中山口嶽山越口御靈櫃口（毋）房成口地形等且會之國境を固守する場所兵員も大凡相分り中にも房成口

は會の國境石筵村の獵師次郎七休之助を以て及探索候處山中の間道或は臺場に至り兵員の多少分明にて候故速に會を攻撃せんとの軍議決す素より賊の巣窟を敗崩するときは枝葉枯落するの軍議白川滯陣之定決なれは同六日白川に通し八日に達す我か白川の惣軍同十五日方より著陣薩兵房成口より突入るの定決なれは土長大垣の兵御靈櫃口に進み勢至堂後手美(三)代に突出と二道に兵を分つの論あり此時各藩惣勢凡二千四五百人餘なれは地形に應し兵を分て二道より攻るは利あるへしとの論もあれ共地形に從て分配せんは却ゐ亦失策なるへし中山口は大道なれとも左右巖石にして進て散兵の地形にあらす嶽山口は左右小篠山にして攻撃に不理(利)の難所なり土長の兵御靈櫃口より攻撃せんとの軍議決すといへとも於此我藩之決論中山口には虚兵を設け房成口一道より各藩力を合せ一にして國境に突入り後分配之策をなすへしと要所を可奪掠まては晝夜烈戰之決論にして《猪脱カ》苗代城を破り敗兵を追撃して要地に陣を止めて臨機に決すへし不意に

出は必す敵狼狽して敗走すへしと論再決して各藩之惣勢房成口より進軍に定る同廿日五字二本松を發し四里餘之玉ノ井村に繰出屯集之會兵と薩九番小隊土長兵等大小砲の戰暫時也當夜滯陣同廿一日玉之井村を發し石筵村にて兵を揃へ三手に分つて會境に入る長土の兵は嶽山の中間より猿岩に進み我第一大隊大垣中隊石筵より左の險山を越て進む餘は都而本道也本道始戰す左右奇となり房内（母成）の横合を突んと深山の道もなき所を破り天狗相撲取峯といへる二里餘を越るの大山なれは房内關門之後に出てし時夕七ツ時比也關門已に破て遁兵を追撃して大原村の本道に出夫より岸木屋村迄四番一隊進みしか黄昏になり此に陣を止む此地より七八町先に亦關門あり守兵夜半比迄守り居來て小銃を以て遠撃す廿二日五字過大原村を發し三里の道程猪苗代城に進候處自燒して敵兵遁逃然とも中山口之守兵敗落狼狽する者不少片時も失ふへからさる臨機意外之幸を得て猪苗代に歩を滯めす一時に敗兵を追ふて同所より二里餘の戶ノ口といへる橋

涯に進み中山の敗兵落行しに猶豫して防禦し術をなさむと橋已に落し砲臺を正面に築んとする央に攻撃に及ひ暫時川を隔て防戰す我軍小高き松山に楯を取り利地に伏せて烈敷連撃す終に防こと不能して敵退散し直に河野仲五郎別府清二衆に先して進續て各々無絶間川向に押渡り夫より八町はかり進撃して廣野の小高き岳に陣を止む夕暮諸隊追々著陣敵と對することと纔五六町餘也翌廿三日若松に繰込城内外之戰砲銃の音止む事なく當夜城涯に陣を張り同廿四日惣而内郭を燒拂ひ守備を嚴にし日を込て責事に決して陣を三町餘引き固守して攻撃す夫より晝夜連撃九月廿一日終に降旗を出して罪を謝せん事を歎願し同廿三日開城於此同廿四日若松を發し歸國す

橋口與助兼武東征之時第四小隊之戰兵に加り此役初戰なり其人強勇にして梁田驛に至て已に始戰に及ふの時大垣の兵猶豫して不進を兼武一聲を發し自ら先に進て一隊を勵し如此初戰に指揮するは實に凡人の不

及所にして其氣疾事可感戰之央に彈丸を受け當夜死す骸を武州熊谷報恩寺に埋葬す年二十二

坂元亮之助清堯は二番遊擊隊にて城州八幡に初戰す後第四小隊の戰兵に加り東征す爲其人溫和の性にして勇斷あり此役に埋伏して擊ん事を論す其策略切なり寡兵なれは進て敵の不意を討に利あるへしと有故進擊に決す進て彈丸二ツを受け武州熊谷に歸陣快然として詩歌を詠する平生に異ならす重創なれは終に三月廿三日死す骸を同所報恩寺に葬埋す年二十五

三月九日野州梁田驛に於て攻擊之節手負左之通

腕ハ深疵　平山喜八郎

頭ハ淺疵　肝付半左衛門

足ハ同斷　士師莊八郎

頭ハ深疵

別府清二僕　菊次郎

中原休左衛門尙志第四小隊之嚮導たり爲人沈勇にして親尙綱之遺風あり平生酒を好み醉て甚奇異尤記憶あり操練人員分合を算する妙を得たり白川初度の後正面に進み奮戰して砲台涯に戰死す骸を白川長壽院に葬埋す年二十

河野彥介道明第四小隊の小頭たり爲人直諒有氣節白川初度之役流行之眼病を煩ひ芦野に滯驛せむ事を勸むといへとも病を以て此に留らむことと慙天地と笑語して終に止ます實に今其語嘆稱すへし此役當番斥候の長たり正面に進て砲臺を拔き于此死す骸を白川長壽院に葬埋す年二十二

染川彥兵衛實秀は二番遊擊隊にて城州八幡に初戰之後東征之役第四小

隊之小頭見習たり爲人直諒にして膽守有餘健貌壯士平生長劔朱鞘を帶し良銃を以每戰衆に先んし其功不少板室村背後の攻擊尤可感白川初度之役正面之臺場に戰死す骸を白川長壽院に埋葬す年二十六

二階堂右八郎行信知覽家の三男にして二階堂氏を繼爲人素雅にして壯勇の士也第四小隊之小頭見習たり丁卯年時勢紛擾變を釀すの時實父羅病難歸國すへきの旨告來けれは行信云忠孝兩ら全くすへからすと斷然決して終に歸國せす翌正月三日の擧動に及ひ六日八幡之戰に宗家の兵隊を指揮せし氣膽稱へし白川初度之役正面に突入し一時砲臺を拔き奮戰して死す骸を同所長壽院に葬埋す年二十三

赤塚源之進直人第四小隊の戰兵たり爲人沈實精悍健步にして兼程すといへとも廸速也平生酒を好みて每戰一瓢を腰に提て寛難共に平氣にし

て樂めり赤塚氏古來年二十二にして戰死する者直人に至り三人嘗云我亦同年祖先之業を續ひて豫爲王事死せん事を期す白川初度之役戰終に其言之如し骸を同所長壽院に葬埋す年二十二

池之上新八盛行第四小隊之戰兵也爲人剛勇有氣膽梁田戰後砲手となり板室の戰其功あり白川初度之役白坂驛におひて賊之間者を探索せし擧動甚た切也此役正面之砲臺涯に戰死骸を同所長壽院に葬埋す年二十

田中藤五郎行信第四小隊之小頭見習たり爲人强勇膂力あり陣中常に角力を好み衆と和して能く從卒を撫す從卒又これをしたふ其風采面白し白川初度之役戰死其卒骸を負ふて芦野に送り同所最勝院に葬埋す年二十六

左近允彌兵衞尙友第四小隊之小頭見習也爲人沈毅にして容貌魯鈍白川初度之役正面に進て奮戰し彈丸三ヶ所に被り重創なりといへとも平日に異らす自身芦野に歸陣す人皆其氣節を感稱す終に横濱におひて六月廿二日死す骸を東京芝之大圓寺に葬埋す年二十四

林太郎兵衞（マヽ）　二番遊擊隊にて城州八幡に初戰東征之役第四小隊之戰兵也爲人直諒有氣膽銃を鍛練し其業を得敵を狙擊する事每戰其功不少六月十二日白川におひて彈創を被りけれとも恙なかりしに於會津疫病に罹り終に野州古河の驛におひて死す骸を東京芝の大圓寺に葬埋す年二十六

竹川直枝は本肥後熊本之產にして有故國を脫し流浪して後德川氏親（新）選の列に加り戊辰の前年我伏邸に來り同年正月の擧動に志操を顯し東征

の時本營に隨從して於諸所戰后四月四番小隊に附屬して累戰同廿五日白川初度の攻擊に斥候となつて正面の砲臺に進み烈戰して死す爲其人性美にして腹藏する事なく風釆奇也平生之語に云我必す王事のために死せん臨終其言を不食骸を白川長壽院に葬埋す年三十餘

加藤次左衛門は付足輕にして勤勞不少會津攻城八月廿三日彈藥を警衛し同國瀧澤の邊にて敗賊と戰ひ重疵を被り三春病院におひて死す骸を同國に葬る年四十餘也

足ニ深疵　中村眞五左衛門

右閏四月廿一日野州鹽ケ崎村におひて手負

足ニ深疵　森岡長左衛門

右同廿二日同國於油井村手負

片腹ニ深疵　平山龍介

同所に深疵　田原　齊

手胸一ヶ所つゝ深疵　別府清二

手一ヶ所深疵　奈良原源之丞

顔ハ深疵　鮫島芳徳

手一ヶ所淺疵　染川彦次郎

腰深疵　種子島清之助

足淺疵　井上要之助

足ハ深疵　小田敬介

右同廿五日奥州白川におひて手負

肩先ハ深疵　久留休左衞門

腕に二ヶ所深疵　北郷萬兵衞

足ハ深疵　仁禮平兵衞

片腹ハ深疵　西之原吉彦

右五月朔日同所におひて手負
堅山荘八
右同廿五日同國於小田川手負
肩前手ハ深疵
樺山覺之進
手淺疵
谷山彥兵衞
頭ハ淺疵
林太郎兵衞
右六月十二日同國於鹿島村手負
胸脇深手
永山彌一郎
片腹同斷
種子島清之助
肩先同斷
肝付半左衞門
手同斷
竹原半兵衞
足同斷
湯之前藤八
右同廿四日棚倉城攻撃に付新合渡村金山村兩所にて手負

淺手
藤田友次郎
右二本松攻擊之節
深手
付足輕
加藤次左衛門
右會津攻城之節

○

一正月三日朝六ッ半時分本營役所より御用有之野津七左衛門罷出候處昨日より今曉に至り德川家來のもの幷會桑は勿論豫州松山志州鳥羽濃州大垣等之人數戎服にて大小砲等相携入京之向に付鳥羽街道ゟ人數押出し入京之儀不相成候付何分
朝廷より　御沙汰有之迄之間差控罷在候樣應接可致萬一承服不致時は臨機之取計いたし不苦段　御內命有之候付壹番大砲半座六番隊加世田隊高岡隊伊集院隊被差向候付地理に據り申談可然樣可取計旨致承知當

朝五ッ時御邸繰出東寺迄出陣夫より監軍椎原小彌太山口仲吾右半隊人數幷斥候役山口十藏外に三人鳥羽街道ゟ押出せり是は早く味方のよき地理を見定んか爲也時に橋兵會桑兵等はや上鳥羽中之橋迄出掛居れり則監軍椎原小彌太山口仲吾より
朝命之旨を相達す敵左樣ならは一往は差控可申と一町計引退無間又彼方より兩人來り長州之方は人數取調之上相通し候樣承知仕候左候得は
御藩と長州とは相違いたし居候付
朝命二ッに出る譯無之候得は今一往長州へ引合申度段申出るに付夫より右二人を椎原山口斥候三人同道にて長州へ引合候處長も不相替故其
儘兩人も左樣ならは今一往
朝廷へ御伺被下度夫迄は本陣迄引取候樣可仕候付何分相分次第には早目相達被呉候樣申出置引返す此時左半隊も繰出し來る賊僅一町を隔て居たる故に味方諸隊談し合せ左右へ分配し散戰隊を田畠ゟ立付て待て

り其時一番大砲隊も半座繰出來れり則街道眞直に押出し艀を付て待ては賊もちと辟易し四五町川原迄引退けり夫に付け掛け川原ゟ操出す又賊一二町引退く又付け掛け小枝橋を渡り越有此味方之地理十分之場所なれは二三軒百姓家を借入陣所を定め大砲隊六番隊等談合し城南離宮社前に前後左右ゟ手配し街道正面へは大砲一門左脇に五番隊共又左りに横打に大砲三門城南宮後之方油小路に掛け加世田隊高岡隊伊集院を立付る右之方川原竹山中ゟ六番隊横矢を打賦にてかくれ伏す四方之手配十分に相滿ち待掛たり尤本道番兵出し置候處番兵の内より四人許り斥候として二三町も出掛候得は賊連隊押立來り候付此所にて操止置皆頭之張出場へ引返す時に賊二人飛脚なりといひて通り掛る直に應接する内又騎馬三人駈來り是も共に番兵の人數より大手をひろけて押止めたり無間又賊二人來り番兵之人數ゟ椎原小彌太殿ゟ面會いたし度候付御通し可給といふ則ち椎原山口出て應接す然處賊ともいまだ

朝命何たる事も不相分候哉と問ふいまた不相分候付暫時御待可被成と答ふ賊申に最早左様ならは時尅も相後れ候付是非罷通可申といふ兎角御聞入なく御通り被成事ならは御勝手に御通り可被成此方も朝命相奉し居候事に候得は臨機之取計可致候付少も不苦候といへは賊左様ならは可能通といひて連隊押立來る椎原山口等直に静々と引返し味方に其段相通候と急速喇叭之相圖吹ならすやいなや街道中央に相備置候四封度半之大砲打放小銃は田中之丸岡竹林中ゟ前より設け置たる事なれは霰の降るか如に打掛る又城南離宮之社前に備置候四封度半三挺一同横矢に打放六番隊も頭より設け置たる西側川土手竹藪より同斷横矢に打掛又吾隊之一分隊後へ控置候援隊時分を見合街道中央之大砲左側田畑ゟ散開し打掛る皆十分鋧を付て打矢先なれは賊二列側面の備も蜘之子をちらすか如く四方に散亂す程なく日も暮けれは味方打方止めの令を下し一同凱歌を擧け無二無三に駈入り敵圍り居候人家へシユ

ントロスを以て放火す時に最早賊一人も不相見得日丸小指旗幷大小砲要具も投捨死骸も數多斃れ居れり一先味方集合之喇叭吹ならし縱隊立付靜々と本の陣所ぇ兵を揚手負戰死相改候處吾隊少も傷候もの迚も無之威風凛々としていかなる鐵壁も瞬目の間に打碎べきの勢實に初戰より愉快とも申べし又城南離宮の後の方へ油小路竹田街道邊迄相備置候諸鄉隊も離宮の方丈は鳥羽街道へ向けて打掛る左候て暮過暫時鬪爭相止む此時　御所より御書付相下り吾隊縱隊立付平伏の處に我等中央に出て高らかに讀上る御書付左之通

尾張大納言

越前大藏大輔

昨日より今曉に至り坂兵戎服大砲等携追々伏見表出張之趣如何之儀有之候哉兼而兩藩言上之次第には惣而齟齬不容易進退其儘難被差置もの勿論候得共尙前々周旋之筋も有之候旁右人數早々引拂候樣取計可致候

若不奉命之儀に候者不被爲得止場合に付爲　朝敵以て御所置可被爲立
旨
御沙汰候事

薩　州

別紙之通尾越兩藩ニ被　仰出候付而者坂兵可引取候得共萬一押而登京
之儀申立候も難計其節者穩便應接者勿論不得止時機至り候は別紙御趣
意之次第を以處置可有之候事

正月三日

但長土藝等ニも同斷被仰出候間尙申合所置可有之候事

一初之一戰相濟て諸鄕隊監軍種子田左門二本松御邸之樣馳歸り戰爭之次
第具に御屆申上候處太守公にも　御滿足に被思召猶此上嚴重に手當い
たし候樣不取敢　御褒詞を蒙り候事

一朝廷ニも御屆相成候處初戰より一統相働

叡感に被

思召尙此上盡力いたし候樣　御褒詔奉承知候事

一前文御書付讀畢而又本之通手配す是より先き鬪爭中に西側沼之中より野崎喜左衞門外に二三人後ロ廻り候處賊相見得居右喜左衞門直に射倒首を刎て引提け來る此時長州三浦五郎組一小隊來りて縱隊を立付右首級を所望するが故に差遣せり初發の鬪爭相止て直に敵の捨置たる鐵砲其外要具分捕す暮過鳥羽街道受持の諸隊々長監軍相集評議す夜分の戰ひは大事なるが就中今曉は暗夜の事殊に敵は大勢なり進退すれば味方を損し又は味方打するは案中なるが故敵嚴敷押寄るといふとも爰を臺場と心得防戰する肝要と吟味相決し其場を別れて銘々各隊に相達す吾隊援隊の人數より一町餘隔て番兵を出置けり半時計にて四列づゝ交代をなせり皆味方の方燈火を禁ず又街道中央の大砲左に人家の疊をはき取楯を作りて潛み隱れ敵の寄するを待てり田中丸岡の伏兵交代の道に

は幕を張りて蔽ひ隱せり又丸岡味方の方は出入不自由なるが故蠟燭の火を燈し立置けり前文燈火は禁ずれとも此所少も敵に不構場所なればなり然處四ッ過城南離宮の後に備居候加世田高岡の二小隊に向て小銃を打掛る直に應砲嚴敷打放此戰凡二分時間も爲有之と覺へり此鬪爭中伊集院兵半隊應援す又伊集院兵掛口難戰故に吾隊に援兵を乞直に城南離宮之方へ向けて大砲三挺我援隊一分隊田畑に散開して打掛らんとしたれども敵打止引退候得は又本之通援隊控の場所へ引取たり夫より九ッ時分鳥羽街道之正面ニ張出居候番兵ニ小銃打掛候處番兵馳歸本隊へ通す然共敵よりの砲數少々之事なれば味方は至極潛り居候處案の如く間近く寄來り時分を見合喇叭の相圖をなす直に大砲は勿論伏兵の小銃打掛けたれば敵よりも大小砲、ともに暫時の間は嚴敷打掛たり味方我をとらじと打掛る故に終に打碎れて散々に敗せり故に發射を止めて潛り居候處に敵の方より誰とも知れんもの馳來る土工方津留金次郎誰かととへば一言もいはず引返す時に右金次郎怪敷思ひ飛掛て一太刀に打たをせども具足したれば格別の痛もなし其儘縛り捕て二本松御邸ぃ送れり是賊生捕の初なり此もの糺問したれば桑名にて餘程能きものと見得たり其後正面の目當としたる人家の火鎮り候故大砲隊よりいまだ燒殘り居候人家へ火掛呉候樣申に付吾か援隊引列れ竊に差越火相掛け左する内に敵より見當り候事小銃打掛候付早々引取れるもの也又夜明前敵押來て大砲隊六番隊吾隊暫時が間相戰ふ畢て無程夜も明たるなり

一四日朝六ッ過伏見出張の一番隊小頭見習中村半次郎外に西鄉信吾兩人馳來り今朝は一番隊伏見の方より鳥羽街道ぃ向けて橫矢に攻掛る賦なれは其心得可給といひて右兩人又伏見の方へ直樣引返す鳥羽の各隊へは其段相通し無間五ッ前より大小砲共に打合押寄る處に吾隊四番分隊の戰兵岩山佐平太先鋒に進み行しが桑名人加治新九郎と申者土手の下木陰に隱れ伏し打矢に岩山戰死せり直に味方相良五左衛門美代藤之丞

村田愛次郎坂元愛之丞小銃を以て躬ひ打は其矢皆少しつゝ中れりと見ゆ其儘賊持筒投槍太刀拔放ち坂元に向て來る内に惡口を吐くなにべらぼふ薩賊か吾は全義の桑名ぢやといつて坂元が前に立つ坂元何にてもよろし來て見よと太刀拔合田の畔に待てば敵聲相掛て打かゝれど頭の彈丸によはり居けんうつふしに斃る所を疊み掛て五太刀計打けれども矢張むじ〳〵すれは脇差を以て刺せり是にて左平太の敵は顯然打取たり味方一同下鳥羽入口に掛れは賊人家へ隱れて小銃打掛る味方大小砲嚴敷打掛又は人家へ放火して正面よりは一番大砲隊五番隊左の方田畑よりは一番隊後の方川原よりは六番隊其外諸鄕兵等三方より押掛れは下鳥羽中比菊亭殿用所米藏前に米俵を以て臺場を築居れり此所暫時の間味方大に苦戰す乍然爰をせんどゝ大小銃打掛れば終に賊要具を打捨散々に逃去れり此邊にて一番隊より騎馬武者二人射落て乘たる馬は分捕すと聞けり爰の戰實に外隊の力を以て打崩の仕合になると覺たり是

より先き戰爭中に川原六番隊より一小頭來り苦戰故に吾隊に援兵を乞則一分隊位横矢を入べしと人家の後竹藪の中より駈參りたれども右藪よりは掛口よからざれは又夫形敵の方へ左りを廻れば丁度矢先に出たり爰にて人家へ隱顯して打掛けり此戰爭相止んで吾隊集合し手負戰死相改候處岩山一人戰死のみにて外に手負もなし夫より正々堂々と足並を揃へて七八町も先迄押掛候處新手拾二番隊三番遊擊隊等繰出交代し是より此日は救應手となる故に五六町引返し俵臺場の所へ暫時休息し筒改洗ひ方等をなす晝飯も爰にて喰す小銃數發打たる後に暫時休息するの隙あれは筒洗はずんばあるべからす又彈藥運送に氣を付隊を不離樣なければと大きに心配す初戰の場所より俵臺場の所迄僅七八町の間賊斃れ居るもの其數をしらず是より新手の諸隊鳥羽の出迎れ富之森に押掛は又四斗樽に砂を入れ疊みを重ね楯を取防戰ふ此時は吾隊救應手なれば少しく打合人家へ入て救應するの時を待つ此日長兵も鳥羽街道

先鋒の命を蒙り薩兵先鋒と共に進撃す薩も長も此戰に數多手負戰死せり折柄進撃する傍の人家へ火相掛り進退不自由なるが故先鋒隊一旦一二町手前迄引取て嚴重に相備て待てり其内日も早暮たる也我隊先鋒隊より二三町離て人家四軒をかり入今夜休息せり尤今夜中は格別合戰もなければ也

一五日朝各隊々長監軍相集伏見街道山崎之方鳥羽街道一緒に攻立つべしと評議し相決して銘々相別れ各隊に相達し伏見の方拾二番隊臼砲隊長兵因州兵山崎の方よりは四番隊三番遊撃隊なり六番隊吾か五番隊一番大砲隊二番大砲隊鳥羽街道を押掛る處に又昨日防戰したる賊共踏止り居大小砲打掛る故に大砲と共に小銃も正面より打放又左右の川原沼へ散開して六番隊五番隊打掛たり三番隊も沼の方より打掛る此戰に監軍椎原小彌太六番隊長市來勘兵衛右兩人戰死せり吾隊三番分隊の戰兵丸田仲之丞同四番分隊の戰兵宮之原彌左衛門同大皷役染川彦左衛門此三

人も爰にて手負也大砲隊六番隊等外に手負戰死もあれとも爰にのせざるもの也終に四ッ半時分も候哉賊打辟かれて淀の川向まで迯行けり鳥羽は勿論伏見の方よりも凱歌を揚げて付け掛し淀迄追詰たり俵臺場の處より淀迄の間二日の戰ひに又賊斃れ居るもの其數を知らず然は賊又川向に小高く土手を築き疊等を以て楯を取り大小銃嚴敷掛る味方追々駈來り透間もあらせず大小銃打掛れば何かはたまるべき散々になりて橋本八幡を差て迯落たり敵落行に跡より追かけられてはたまらじと思ひけん大橋小橋を燒落し市中も放火す又味方大砲彈藥より起りたる火もあるべし橋落ては味方便ならざるが故暫時の間は各隊夫卒集め消さんとしたれども早少し燒落たれば取止侍れり皆三方の各藩兵隊爰に群集し一旦銘々陣所を定めり吾か隊中酒肴を取入れ邪氣を拂はんか爲に皆少々づゝたべれるもの也左する内に錦の　御旗を飜し征討將軍仁和寺宮白熊の毛兜めされ錦の直垂に小かね作りの太刀はき給ひ太く逞し

き馬に轡みを鳴し靜に押て　御巡見なし給ふに皆官軍難有さに涕をうかべて拜しながら誰作るとなく凱歌を擧げて勇み立てり副將東久世鳥丸の兩卿は引建（立）烏帽子に錦の直垂を著し馬に乘り家々の紋付たる旗押立前後に被附添尤各藩兵隊も召列給へり七ツ時分六番隊五番隊等は今日迄三日の戰ひなれば兵も勞れ又淀迄攻落したる上はいづれ浪華の方へ押寄ずんばあらず左すれば是迄の手配とは大きに相違せざれは不相濟事故今一應御評議も可有之候得は新手の兵と交代し一先可罷歸と承知す則右之趣隊中に相達二本松御邸之樣歸陣之途中にて諏訪太夫と行逢り《マヽ》候處　御沙汰之趣相達候付暫時踏止り候樣致承知小隊止之令を下し候處先日より戰爭之次第入　御聽候處一統粉骨相働候段　御滿足に被　思召自分後日屹与　御褒詞も可有之候得共先不取敢其段相達候樣我等御遣しに相成乍途中行逢候付相達候

右畢而兩度中途に休息いたし二本松御邸に夜五ツ時分著せり本御門内

に入て縦隊立付直に凱歌を擧侍れり夫より其儘に休め置本營役所ゟ届申出れば三日の戰に勞れたる筈なれば今夜中いかなる變動ありとも靜に相休み候樣又御賄等被成下候旨承知す則隊中ゟ其段相達し今夜休息す御酒鰹節等も被下實に難有事どもなり

五番隊監軍

山口仲吾

椎原小彌太

○

○編者曰く正月三日より五日に至る部は殆ど前文と同じ、然れども原本に從ひ重複を嫌はず之を載す

正月三日曇

今朝六ッ半時分本營役所より御用有之罷出候處昨日より今曉に至り德川家來の者共幷會桑は勿論豫州松山志州鳥羽濃州大垣等の人數戎服にて大小砲等相携入京の向付鳥羽街道へ人數押出し入京之儀は不相成候付何分

朝廷より　御沙汰有之迄之間は差控罷在候樣應接可致萬一承服不致時は臨機の取計いたし不苦段御内命有之候付一番大砲隊半座六番隊加世田隊高岡隊伊集院隊被差向候付地理に據り申談可然樣可取計旨致承知出張候事

吾五番隊出張人數左之通

野津七左衛門　大山十郎次

山口孝右衛門　坂元愛之丞

鄉田正之助　山口喜左衛門

松永清之丞　吉井叶

小頭見習

愛甲嘉右衛門　益滿宗之助

監軍

椎原小彌太　山口仲吾

斥候役狙撃兼る

川上源七郎　大寺彌七
相良五左衞門　木藤清次郎
川崎清左衞門　廣瀬喜左衞門
山口十藏　坂元仲藏
山本庄之助

戰兵

有馬次兵衞　本田清之丞
有川彦右衞門　桑波田角左衞門
野崎喜左衞門　市來十左衞門
佐々木彌七郎　江田正之丞
鎌田六郎次　村田愛次郎
河野助五郎　瀬戸山吉兵衞

兒玉市左衛門
石原半右衛門
齋藤藤太
宮田佐八郎
河野市二
黑江八左衛門
横山彌介
谷元六左衛門
益山新太郎
上村彦之丞
川崎兵十郎
税所笑右衛門
八木猪之助

最上孫左衛門
山本鐵之進
伊瀨地庄左衛門
長瀨清左衛門
大河平源助
黑江喜次郎
相良爲次郎
河野爲兵衛
伊勢佐七郎
黑田次右衛門
松元與八郎
池田仙之丞
大迫市郎左衛門

四本甚七
新納台介
大迫新八郎
市來万兵衞
丸田仲之丞
林權一郎
竹下半次郎
石原眞介
相良新右衞門
美代藤之丞
武元庄五郎
八代次助
宮之原孫左衞門

安樂六郎
相良雄之丞
內山仲七郎
益山良介
白石杢左衞門
林宗九郎
折田十郎
岩田佐平太
土師庄之進
桂德之丞
渡邊勇九郎
鵜木五左衞門
伊地知清八

有馬十郎次
喇叭役太鼓役兼る
染川彦右衞門
玉藥方
本田休左衞門
人馬方
中島仲兵衞
兵粮方
染川源七郎
普請方
吉留與一左衞門
醫師
神田元淳

右人數御邸五ッ時操出し東寺迄出陣夫より監軍椎原小彌太山口仲吾右半隊人數幷斥候役山口十藏外二三人鳥羽街道へ押出せり是は早く味方のよき地理を見定んか爲なり時に橋兵會桑等早上鳥羽中ノ橋迄出掛居れり則ち監軍椎原小彌太山口仲吾より
朝命之旨を相達す敵左樣ならは一往は差控可申と一町計り引退く無間又彼方より兩人來り長州の方は人數取調の上相通し候樣承知仕候左候得は御藩と長州とは致相違居候付
朝命二ッに出る譯無之候得は今一應長州ゐ引合申度段申出る付夫より右二人を椎原山口斥候三人同道にて長州へ引合候處長州にも不相替同樣故其儘右兩人も左樣ならは今一往
朝廷へ御伺被下度夫迄は本陣引取候樣可仕候付何分相分り次第には早目相達し呉候樣申出置引返す此時左半隊も操出し來る賊僅一丁を隔て居たる故に味方諸隊談し合せ左右ゐ分配し散戰隊を田畠へ立付て待て

り其時一番大砲隊も半座操出來り則街道眞直に押出し緦を付て待ては賊も些辟易し四五町川原迄引退けり夫に付け掛け川原へ操出す又賊一二町引退く又付け掛け小枝橋を渡り越す此所味方の地理十分の場所成は二三軒百姓家を借入陣所を定め大砲隊六番隊等談合し城南離宮社前に前後左右ゟ手配し街道正面へは大砲一門左脇に五番隊其又左に横打に大砲三門城南宮後之方油小路に掛け加世田隊高岡隊伊集院隊を立付る右の方川原竹山中ゟ六番隊横矢を打賦にて隠れ伏す四方の手配十分に相濟て待掛たり最本道番兵出し置候處番兵の内より四人計斥候とし て二三丁も出掛候得は賊連隊押立來り候付此所にて操止置皆頭の張出場へ引返す時に賊二人飛脚なりと云て通り掛る直に應接する内又騎馬三人駈來り是も共に番兵の人數より大手をひろけて押止たり無間又賊二人來り番兵の人數ゟ椎原小彌太殿へ面會いたし度候得は御通し可給と云則椎原山口出て應接す然處賊兵末

朝命爲何事も不相分候哉と問ふ未た不分候付暫時御待可被成と答賊申最早左樣ならは時刻も相後れ候付是非罷通可申と云兎角無御聞入御通被成事ならは御勝手に御通り可被成此方も

朝命相奉し居候事に候得は臨機の取計可致候付少も不苦候といへは賊左樣ならは可罷通と云て連隊押立來る椎原山口等直に靜々と引返し味方に其段相通候と急速喇叭の相圖吹ならすや否や街道中央に相備置候四封度半の大砲打放小銃は田中の丸岡竹林中ゐ前より設け置たる事なれは霰の降か如に打掛る又城南離宮の社前に備置候四封度半三挺一同横矢に打放六番隊も頭より設け置たる西側川土手竹藪より同斷横矢に打掛又吾隊の一分隊後ろへ控置候援隊時分を見合街道中央の大砲左側田畑へ散開し打掛る皆十分躵を付て打矢先なれは賊二列側面の備も蜘の子を散すか如く四方に散亂す程なく日も暮けれは味方打方止めの令を下し一同に凱歌を擧け無二無三に駈入敵圍り居候人家へシユントロ

スを以て放火す時に最早賊一人も不相見得敵日丸小指旗幷大小砲要具も投捨死骸も數多斃れ居れり一先味方集合の喇叭吹ならし縱隊立付靜々と本の陣所へ兵を揚戰死相改候吾隊少も傷候者迚も無之威風りんりんとして如何なる鐵壁も瞬目の間に打碎へきの勢實に初戰より愉快共申へし又城南離宮の後の方へ油小路竹田街道邊迄相備へ置候諸鄕隊も離宮の方丈は鳥羽街道へ向けて打掛る左候ゐ暮過暫時鬪爭相止む此時御所より御書付相下り吾隊縱隊立付平伏の處に我等中央に出て高らかに讀上る御書付左の通

尾張大納言

越前大藏大輔

昨日より今曉に至り坂兵戎服大砲等携追々伏見表出張の趣如何の儀有之候哉兼ゐ兩藩言上の次第には惣ゐ齟齬不容易進退其儘難被差置者勿論候得共尙前に周旋之筋も有之候旁右人數早々引拂候樣取計可致候若

不奉命之儀に候は不被爲得止之場合付爲
朝敵以て御所置可被爲　在
御沙汰候事

薩　州

別紙之通尾越兩藩ぃ被仰出候付ゐは坂兵可引取候得共萬一押ゐ登京之
儀申立候も難計其節は穩便應接は勿論不得止時機に至り候者別紙御趣
意の次第を以て所置可有之候事

正月三日

但長土藝等へも同斷被仰出候間尙申合所置可有之候事

一初之一戰相濟て諸鄕隊監軍種子田左門雙松御邸之樣馳歸戰爭之次第具
に御屆申上候處
太守樣にも御滿足に被　思召尙此上嚴重致手當候樣不取敢　御褒詞を
蒙り候事

一朝廷へも御屆相成候處初戰より一統相働
叡感に被
思召尚此上致盡力候樣
御褒詔奉承知候事
畢而又本々之通手配す是より先き鬪爭中に西側沼之中より野崎喜左衛門外に二三人後へ廻り候處賊相見得居右喜左衛門直に射倒し首を刎て引提て來る此時長州三浦五郎組一小隊來りて縱隊を立付頻に右首級を所望するか故に差遣せり初發の鬪爭相止て直に敵の捨置たる鐵砲其要具を分捕す暮過鳥羽街道受持の諸隊隊長監軍相集評議す夜分の戰は大事成か就中今晩は暗夜の事殊に敵は大勢なり進退すれは味方を損し又は味方打するは案中成か故敵嚴しく押寄と云とも爰を臺場と心得防戰するか肝要と吟味相決し其場を別れて銘々各隊に相達す吾隊援隊の人數より一町餘隔て番兵を出置けり半時計にて四列つゝ交代をなせり皆

味方の方燈火を禁す又街道中央之大砲左に人家の疊を剝取楯を作りて潜に隱れ敵の寄する待てり田中丸岡の伏兵交代の道には幕を張て蔽ひ隱せり又丸岡味方の方は出入不自由成か故蠟燭の火を燈し立置けり前文燈火は禁すれとも此所少も敵に不構場所成はなり然處四ッ過城南離宮の後に備居候加世田高岡之二小隊に向て小銃を打掛る直に應砲嚴しく討放此戰凡二分時間も爲有之と覺へり此鬭爭中伊集院兵半隊應援す又伊集院兵掛口難戰故に吾隊に援兵を乞直に城南離宮の方へ向けて大砲三挺吾援隊一分隊田畑に散開して打掛んとしたれ共敵打止引退候得は又本の通援隊控の場所へ引取たり夫より九ッ時分鳥羽街道之正面へ張出居候番兵へ小銃打掛候處番兵馳歸り本隊へ通す然れ共敵よりの砲數少々の事成は味方は至極潜居候處案の如く間近く寄來り時を見合喇叭の相圖をなす直に大砲は勿論伏兵の小銃打掛たれは敵よりも大小砲共に暫時の間は嚴鋪打掛たり味方我劣しと打掛る故に終に打碎れて散

々に敗せり故に發射を止めて潜り居候處に敵の方より誰と知ぬ者駈來る土工方津留金次郎誰かと問へは一言もいはす引返す時に右金次郎怪鋪く思ひ飛掛て一太刀に打倒せ共具足したれは格別の痛もなし則其儘縛り捕て双松(二本松)御邸へ送れり是賊生捕の初也此者糺問したれは桑名人にて餘程能き者と見へたり其後正面の目當としたる人家の火鎭り候故大砲隊より未燒殘り居候人家へ火掛呉候樣申候に付吾か援隊引列れ竊に差越火相掛る左するる内に敵より見當り候半小銃打掛候に付早々引取れる者也又夜明前敵押來り大砲隊六番隊吾隊暫時か間相戰ふ畢て無程夜も明たるなり

同四日晴

今六ッ過伏見出張の一番隊小頭見習中村半次郎外に西郷信吾兩人駈來り今朝は一番隊伏見の方より鳥羽街道へ向けて横矢に攻掛る賦成は其心得可給と云て右兩人又伏見の方へ直樣引返す鳥羽の各隊へは其段相

通し無間五ッ前に大小砲共に打合押寄る處に吾隊四番分隊の戰兵岩山佐平次先鋒に進み行しか桑名人加治新九郎と申者土手の下木陰に隠れ伏し打矢に岩山戰死せり直に味方相良五左衛門美代藤之丞村田愛次郎坂元愛之丞小銃を以て躵ひ打は其矢皆少し宛中れりと見ゆ其儘賊持筒投捨太刀拔放ち坂元に向て來る內に惡口を吐く何べらぼう薩賊か吾全義の桑名ちやと云つて坂元か前に立つ坂元何ても宜し來て見よと太刀拔合田の畔に待ては敵聲相掛て打掛れと頭の彈丸に弱り居りけんうつ伏に斃る處をたゝみ掛て五太刀計りうつ去とも矢張むじ〱すれは脇差を以て刺せり是にて佐平次の敵は顯然打取たり味方一同下鳥羽入口に掛れは賊人家へ隠れて小銃打掛る味方大小砲嚴鋪く打掛又は人家へ放火して正面よりは一番大砲隊五番隊左の方田畑よりは一番隊後の方川原よりは六番隊其外諸郷兵等三方より押掛れは下鳥羽中頃菊亭殿用米藏に米俵を以て臺場を築居れり此所暫時の間味方大に苦戰す乍併爰

をせんとゝ大小銃打掛れは終賊要具も投捨散々に迯去れり此邊にて一番隊より騎馬武士二人射落て乘たる馬は分捕すと聞へけり爰の戰實に外隊の力を以て打崩之仕合になると覺へたり是より先き戰爭中に川原六番隊より一小頭來り苦戰故に吾隊に援兵を乞則一分隊位横矢を入べしと人家の後竹藪の中より駈參りたれとも右藪よりは掛り口よからされは又夫形敵の方へ左を廻れは丁度矢先に出たり爰にて人家へ隱顯して打掛けり此戰爭相止んて吾隊集合して手負も無し夫より正々堂々と足并を揃へて七八町も先迄押掛候處新手拾二番隊三番遊擊隊等繰出し交代し是より此日は救應手と成故に五六町返引し俵臺場の所に暫時休息し筒改洗ひ方等をなす晝飯も爰にて喰す小銃數發打たる後に暫時休息するの隙有は筒洗はすんは有へからす又彈藥運送に氣を付隊を不離樣なけれは大に心配す初戰の場所と俵臺場の所迄僅七八町の間賊斃れ居る者其數を知らす是より新手の諸隊鳥羽の出迎れ富ノ森に押掛は又

四斗樽に砂を入れ疊みを重ね楯を取りて防き戰ふ此時は吾隊救應手成は少しく打合人家へ入て救應するの時を待つ此日長兵も鳥羽街道先鋒の命を蒙り薩兵先鋒と共に進擊す薩も長も此戰に數多手負戰死せり折柄進擊する傍の人家へ火相掛り進退不自由成か故先鋒隊一旦一二町手前迄引取りて嚴重に相備て待てり其内日も早暮たるなり我隊先鋒より二三町離て人家四軒をかり入今夜休息せり最今夜中は格別合戰もなければなり

同五日晴

今朝各隊々長監軍相集伏見街道山崎の方鳥羽街道一緒に攻立つへしと評議し相決して銘々相列れ各隊に相達し伏見の方拾二番隊臼砲隊長兵因州兵山崎の方よりは四番隊三番遊擊隊なり六番隊吾か五番隊一番大砲隊二番大砲隊鳥羽街道を押掛る處に又昨日防戰したる賊共踏止り居大小砲打掛る故に大砲共に小銃も正面より打放又左右の川原沼等へ散

開して六番隊五番隊打掛たり三番隊も沼の方より打掛る此戰に監軍椎原小彌太六番隊々長市來勘兵衞右兩人戰死せり吾か隊三番分隊の戰兵丸田仲之丞同四番分隊の戰兵宮之原孫左衞門同太鼓役染川彥左衞門此三人も爰にて手負なり大砲隊六番隊等外に手負戰死もあれ共爰にのせさるものなり終に四ッ半時分も候哉賊打碎かれて淀の川向迄逃行けり鳥羽は勿論伏見の方よりも凱歌を揚て付け掛々々淀迄追詰たり俵臺場の處より淀迄の間二口の戰に又賊斃れ居る者其數を知す然は賊又川向に小高く土手を築き疊等を以て楯を取り大小銃嚴く打掛る味方追々駈來り透間もあらせす大小銃打掛れは何かはたまるへき散々になりて橋本八幡を差て迯落たり敵落行に跡より追掛られてはたまらし思けん大橋小橋を燒落し市中も放火す又味方大砲彈藥より起りたる火もあるへし橋落ては味方便ならさるか故暫時の間は各隊夫卒を集め消んとしたれ共早少し燒落たれは取止侍れり皆三方の各藩兵隊爰に群集し一旦銘

々陣所を定めり吾隊中酒肴を取入れ邪氣を拂んか爲皆少しつゝたべれ《ママ》るものなり左する内に錦の御旗を飜し征討將軍仁和寺宮白熊の毛兜めされ錦の直垂に小金作りの太刀はき給ひ太く逞しき馬に轡みを鳴らし靜に押て　御巡見なし給ふに皆官軍ありかたなさに涕をうかへて拜しなから誰作るとなく凱歌を擧て勇み立てり副將軍東久世烏丸の兩卿は引建烏帽子に錦の直垂を著し馬に乘り家々の紋附たる旗押立前後に被付添最各藩兵隊も召列給へり七ッ時分六番隊五番隊等は今日迄三日迄の戰なれは兵も勞れ又淀迄攻落したる上は何れ浪華の方へ押寄すんは有へからす左すれは是迄の手配とは大きに相違せされは不相濟事故今一往御評議も可有之候得は新手の兵と交代し一先可罷歸と承知す則ち右の趣を隊中へ相達し雙松御邸の樣歸陣の中途にて諏訪太夫と行逢り《ママ》候處　御沙汰之趣相達候付暫時踏止り候樣致承知小隊止の令を下し一紒拜伏して奉承知趣先日より戰爭の次第入　御聽候處一紒粉骨相働候

段　御満足に被　思召自ら後日屹度　御褒詞も可有之候得共先不取敢其段相達候様我等御遣しに相成乍途中行逢候に付相達候右畢て中途へ兩度致休息雙松御邸へ夜五ッ時分著せり淀より不歸て進撃致度は思へ共何れ我請持の場所十分突拔候得は我苦をして人に樂を與ふる場成は一旦歸りてこそ音無鋪所ならんと思ひ歸れるものなり御邸本御門内に入りて縦隊立付直に凱歌を擧侍れり夫より其儘に休め置本營役所へ屆申出れは三日の戰に勞れたる筈成は今夜中如何成變動ある共靜に相休候様又御賄等被成下候旨致承知則隊中へ其段相達し今夜休息す御酒鰹節等も被下實に難有事共なり

同六日晴

椎原小彌太相國寺内林光院へ市來勘兵衞と合葬す

一九ッ時吾五番隊

太守様　御目見被　仰付旨致承知罷出候處御書院へ　御出座　御直に

先日より連日之戰に一統致盡力實に大儀候半猶此上賴存る
右之通　御沙汰承知奉り實に難有事なり
同七日曇
今朝六ツ時より一分隊つゝ翌朝迄御式臺御番相勤
一今度實場へ踏出候處段々利害得失相分候內小指旗之儀本營へ申出候事
一ホルトカルの油洗矢竿木綿等諸役所の方へ取入置又彈藥等入付等都て相濟候事
同八日曇
一今朝德川慶喜追討之御書付相下候事
一篠崎覺之丞與倉彥八郎萩原强八五番隊小頭見習被　仰付候事
一西鄕信吾五番隊監軍椎原小彌太代り被　仰付候事
同九日晴
一朝飯後より御臺所御門御番一小隊晝夜相勉

同十日曇

一非番なり

一九ッ時分山口坂元同道にて隊中見合繪面等取入に差越候事

同十一日晴

一今朝飯後より乾御門御番一小隊晝夜相勤

同十二日晴

一非番なり

同十三日晴

一朝飯後より御臺所御門御番一小隊晝夜相勉

一昨十二日

太守樣御參　內被遊候處左之通　御承知被遊今日隊中へ拜見被　仰付候事

(本文下文無之)

覺

正月三日七ッ過より上鳥羽街道城南離宮前合戰日暮迄敵追退け候九ッ時分桑名會津の勢押來り合戰如前此時一人桑名人を生捕候又七ッ時分寄來り如前敵崩る夫迄は手負死人一人も無之候

一四日朝迄追打之節

戰死
戰兵
岩山佐平次

街道筋數度合戰終に敵崩れ八ッ時分淀境迄追詰候

一淀境之合戰にて

戰死
監軍
椎原小彌太

夫より敵崩れ申候間淀大橋迄追候

手負
戰兵
丸田仲之丞
右同
宮之原孫左衛門
太鼓役
染川彦左衛門
半隊長
大山十郎次
分隊長
山口孝右衛門
小頭

坂元愛之丞
右同
郷田正之丞
右同
山口喜左衛門
右同
松永清之丞
右同
吉井叶
小頭見習
愛甲嘉右衛門
益滿宗之助
斥候役狙擊兼る

川上源七郎
大寺矢七
川崎清左衛門
相良五左衛門
木藤清次郎
山本庄之助
廣瀬喜左衛門
山口十藏
坂元仲藏

右之通小頭幷小頭見習斥候役之儀は衆に抽粉骨之勞をいたし申候

戰兵
野崎喜左衛門

右者衆に抽初戰之節太刀初敵之首を揚申候其外何れも一同抜群之働き

に御座候

穎川與五郎

右者初より隊に加り同樣相働染川彦左衛門手負之儀は則より喇叭役等相勤申候

大和藩當分

御抱相成

山下助右衛門

右者初より隊に加り斥候等相勤拔群粉骨之勞をいたし別段一隊之加勢に相成仕合之至に御座候

右之通取調御届申上候以上

正月十日

隊長

野津七左衛門

監軍

山口仲吾

五番隊戰狀

一四月十七日大總督宮江戸　御入城に付小石川弁水道橋見附固被　仰付今一字より板橋驛繰出し二字比陸軍所ぃ著則礫見附固居候役人共ぃ引合一分隊つゝ交代にて警衛候事

一同十八日朝六ッ過陸軍所立五ッ半時分板橋ぃ著夫より四ッ時分同所繰出し第四字比越ヶ谷驛ぃ著然處井伊須坂岩城平等之官軍於野州小山邊敗走之段古河藩より報知有之候事

一同十九日朝五ッ半越谷進軍九ッ時分關宿ぃ著則同所藩杉山對軒外一人ぃ曳合賊情等探索いたし候處下總國岩井驛ぃ一千五六百計屯集追々繰出し候勢之由申出候付刀根川筋渡し舟悉曳揚夜五ッ時分一番分隊より

番兵差出置翌廿日進撃之策を定幸手宿ニ致進軍居候大垣長州之官軍と約し朝六ッ時分關宿を發し境驛にて會軍大垣一中隊を以斥候隊とし尤驛中之者兩人爲案内召列五番隊長州一中隊二番砲隊二門合而三百人計にて大概八字比岩井驛迄相進候處賊兵よりの斥候も直樣引返し街道筋より田地を中にし南北ニ散開し待受居候付大砲隊幷大垣之兵を正面に向け五番隊幷長州之兵を左右ニ相開致進軍候處彈丸如雨打掛賊兵も暫時は嚴敷相支候得共左右之横撃に辟易し終に及敗走四方ニ致散亂候付兵を集再進撃之評議にをよひ候得共賊遠方迄引揚候付岩井驛ニ致一泊候此日賊首百三拾餘級を得たり翌廿一日致退散候賊徒及探索候得共近村ニは不致屯集由にて五ッ半時分岩井立境宿迄引揚候處關宿藩之内賊徒ニ致内通候者有之段同藩家老杉山對軒申出尤三人召捕差出候付糺明之上同藩ニ曳渡置候事

一同廿三日五ッ時分境宿迄進軍八時分結城城下町ニ著則致探索候處賊三

百人餘にて下館城を乘取籠城いたし居候段同藩申出候付長州大垣申談攻擊之策を定翌廿四日早天より進軍之筋相決し居候處無程退散之報知有之候付廿四日五ッ時分結城進軍然るに小山邊迄繰出候處宇都宮之方に相當り砲聲烈敷相聞得候付速に進軍いたし候得共八九里之道程故漸七ッ時分宇都宮江著然るに六番隊幷二番砲隊半隊大垣一小隊にて早天より及攻城候處賊三千八百人餘籠城嚴敷致防戰甚苦戰之樣子にて直樣進て町口之砲臺を一時に追崩し城西之堀際迄烈敷攻付賊兵悉城中江追込諸隊と合し終追手口より攻入候處賊防禦之術を失ひ悉敗潰し日光街道之方江落行候付四番分隊は八幡山之賊を追落し一里許追打いたし及日暮候付人數悉く曳揚城內江繰入城外は長州大垣相固城內は薩因之兩藩を以相固候此日賊之〔脫アルカ〕百五十人餘打取候事

戰死

上田友輔

一閏四月廿三日早天大田原繰出し關屋迄相達候處賊嶮に據り三百人計守禦之備を嚴にし且山谷に架し及防戰候付一小隊を右左に分ち四番分隊を斥候とし四ツ時分より及戰爭一字計之間に賊徒悉追散し鹽原邊まて一里半計追討いたし賊首三十餘級得則人數引揚大田原江一泊廿五日四番隊其外長垣之兵三百計にて白川攻擊に付爲應援白坂驛近邊迄進軍いたし候得共最早四番隊其外之兵も曳揚候付不及一戰芦野まて引揚候事

一同廿九日夜進て可攻白川城之評議におよひ候得共同所より南之方旗宿と申所江賊少々屯集之段探索之者申出候付右賊追拂後顧之念を絕白川之賊を可討との評議一決し長州大垣一分隊つゝ御兵具隊一小隊を以無難追散し（五月）朔日終に定進取之策第四字より兵を三道に分ち二番隊四番隊は白川之湖南より棚倉街道に出二番砲隊御兵具隊三十人計大垣一小隊本街道より正面に向ひ五番隊幷長州大垣一小隊つゝ大砲二挺白坂驛より左之方間道を越黑川村江出夫より原方道江相進候處本街道には砲聲

烈敷相聞得戰爭相始候付速に進軍一手は白川城より西に當候立石山之臺場を攻擊し一手は原方正面之臺場に向ひ攻擊す賊立石山には七ヶ所に臺場を築二字計之間烈敷防戰す依之味方殊死相戰進て臺場に迫る咫尺賊終に守禦之術を失ひ退て町口之臺場を守る嚴敷防戰す先是三番分隊は大垣一小隊と後ロ廻り候長山の賊を追散し四番分隊と合し立石山の後を廻り町口之臺場横合より進擊す賊散々に敗走致し候付五番幷長州大垣合而又二手に分ち本街道後之山ロ登り街道には二番砲隊大砲相備左右之山に登り賊の後を絕四方ゟ攻擊す賊大に狼狽し棚倉仙臺之兩街道を差て落行候處二番四番之二小隊又要擊して賊兵數多討取候故に敗潰し金勝寺山より仙臺會津之間道を越敗走す此日官軍之手に討取候首數六百八拾二級也此時漸二字比ゟ夫より各藩談合致し地利を察し長藩は棚倉石川之兩道を守垣藩は奥州湯元之兩街道我兵は原江戶の兩街道を守宿陣ロ休息す各藩合て漸六百人餘也賊之著到三千八百と有之候

五番戰死
伊地知清八
坂元仲藏
河野助五郎
有川彥右衛門

五月廿六日

一今日早天より四方固場ニ砲聲烈敷相聞得候付斥候差出候處大垣固居候奥州湯元兩街道幷金勝寺山棚倉街道より賊大擧襲來し及戰爭候付二番分隊は六番隊一分隊と合し金勝寺山之賊を迎擊相戰候得共大兵にて甚及苦戰候付三番分隊を以應援とし間道之嶮を越橫擊す依之賊途を失ひ敗走す四番分隊は大垣固場奥州街道之應援として左之方山手より進て賊を擊一番分隊は同藩固場之湯元街道之應援として賊と大隈川（阿武）を中にして相戰候處賊山を越會津街道之方ニ致散亂候付一里計有之候米村迄

進撃す此日賊を討取事三十餘級三番分隊は再長州爲應援棚倉街道まて相進候處賊已に及敗走候付人數不殘曳揚候此時大概二字比なり

一同廿七日賊又々襲來す然共無程追散し候夫より賊四方に圍繞に江戸一街道を洩す依之大垣忍之兵を芦野白坂に分ち往來を通し守備前の如し然共今日土州兵四百人許著陣して湯元金勝寺を守る故に官軍大に休息する事を得然共日々襲來て四方砲聲之絶る事なし官軍纔一千なり

廿六日戰死　有馬十郎次

同日手負にて同廿九日於芦野死　大迫市郎左衛門

同日手負六月二日於宇都宮死　伊勢佐七郎

一六月廿九日二番四番六番其外長州土州大垣都合一千計棚倉城爲攻擊致

進軍候處賊虛を伺二千計之兵を以翌朔日（七月）早天阿州固居候原街道幷土州同斷之湯元街道ニ襲來砲聲烈敷相聞得候付爲應援下新田村より相進賊を横擊す賊川を中にし暫時は相支候得共終に及敗走候付三里計有之候鶴生村迄追擊いたし一番隊ニ致交代人數曳揚候此日賊之五十餘級を得たり今日阿州兵初戰なり

戰死

川崎清左衞門

一同（七月）十五日早天より大垣固居候奥州街道ニ砲聲相聞得候付石川街道固居候得共一番遊擊隊ニ致交代關和久村を越大垣幷一番三番正面より迎戰候付小田川驛之山手に出賊之歸路を絶要擊す賊大に致狼狽器械彈藥等悉打捨四方ニ散亂す此日五十人餘討取大田川迄追討いたし賊三人を生捕人數曳揚候事大概三字比なり

一同月廿四日棚倉ニ致進軍居候諸隊と岩城平ニ致上陸居候隊と合し守山

三春を可攻之策相決し候付爲聲援奥州街道須加川之賊を僞引呉候樣掛合有之候付長土垣阿藩之兵都合五百計可繰出評議相決候付去る五月朔日生捕置候仙藩木梨市郎右衞門一人を歸し進軍の形を須加川の賊に示右五百計之兵を操出し小田川驛迄相進候處賊果して斥候差出候付一人を討取餘は悉追散し暮時分人數不殘引揚候處棚倉より致進擊候官軍守山三春を降し進て本宮之賊を追拂夫より二本松城攻落し候處須加川之賊歸路を絕れ同廿六日より廿七日懸大に狼狽し四方江散亂す依之八月十五日一番三番五番幷長土垣之兵凡一千計白川繰出二本松滯陣之諸隊と合し會城を屠之策にて同十七日二本松江著十八日十九日滯陣にて廿日早天より玉之井村迄相進候處賊山に據且臺場を築三四百計之兵にて相支候付各藩より人數少々繰出し終追拂翌廿一日早天兵を三道に分ち一番二番之砲隊幷遊擊隊長州兵は保內(母成)峠に向ひ土州兵一手は猿岩通一手は中山通に向ひ候得共此一道は敵をして勢を合せしむるの策にて第

十二字人數引揚曳返し保内の人數と一手に相成候大垣幷一番より六番までの一大隊は石筵之嶮を越保内峠之後を絶の策相決し諸道相進候處保内之賊數ヶ所に臺場を築暫時は嚴敷致防戰候得共無程及敗走候付達澤村近邊之落兵二三十人餘討取候迄にて同夜は大原村民家ぃ一泊然に四番隊固場ぃは賊終夜襲來いたし候得共悉追散し廿二日進て猪苗代を追崩し四番隊御兵具隊は拾六橋迄攻入要地を取付候付二番隊其外爲應援進軍翌廿三日拾六橋にて諸隊會軍進て瀧澤峠の賊暫時に追散し直に若松城下迄攻付攻撃す此時十字比なり賊諸門を鎖し致固守候付益攻城之備を嚴にし廿四日も同斷に付終に遠攻之策相決し外郭藩士之宅不殘燒拂三日町口之郭門へ出候處賊天寧寺口より後之方ぃ廻り候付直に同所ぃ相進候處賊小銃幷鎗を以進來候付悉追散し同所は勿論各藩共に外郭之諸門を固翌廿五日には四番半隊と肥前勢は勢至堂口より廿四日比著陣す城之後小田山の要地を取一番砲隊幷肥前砲隊を以砲臺を築城中

は砲擊す此夜賊討て出大に及戰爭候得共無難追返し翌廿六日には彈藥庫不殘燒拂夫より諸方之攻口は大砲を分ち日々砲擊す四方砲聲の絶る事なし然る處越後路之官軍も片門迄攻入砲聲相聞得候付九月五日朝五ツ時分二番隊五番隊并長土紀肥彥之諸藩合て五百計會津繰出し高久驛之賊を追散し坂下塔寺舟戸之賊同斷にて片門之官軍を迎越後路之官軍と合し今夜舟戸宿は一泊九月五日五十里口は向ひ加治木隊并黑羽宇都宮之兵も諸所において及戰爭悉く追散し著陣す六日早天會津は歸陣す同十五日十六日四方より大に砲擊す同廿日秋月手代木潜に城門を出土州陣營に來り主人父子之降を乞同廿三日肥後父子開城降參す翌廿四日家中一紵出城猪苗代は謹愼米澤彥根越前等警衞す此日第一大隊并一番遊擊隊不殘曳揚候事

八月廿三日戰死　　山之内次郎

同日若松城下にて手負九月廿三日

大山十郎次
三春於病院死す

山下助右衞門下人
米藏
八月廿三日死す

○

正月三日早朝市來勘兵衞ハ御用罷出候處鳥羽街道より慶喜旗下幷會桑高松等之人數甲冑等にて兵器を携登京之段相聞得候付早々當隊人數揚出相堅候樣被　仰付萬一不聞入罷通候はゝ應其時機可致所置旨を以勅命被　仰出候段致承知候付其段隊中一同に申達し兼而御定之場ハ相前彈藥簞笥八荷共に隊跡ハ隨へ上鳥羽迄張出候處賊兵押來五番隊監軍椎原小彌太德川先手之者ハ應接之央にて候間卽當隊人數道より右之方

畠之中ゟ押出し惣て散兵備置然處敵兵次第に繰下け候付此方より彌相進め小枝橋を相渡り兵隊嚴重に立付け置狙擊人數敵の方ゟ手分を以諸所ゟ斥候に差出し置隊長并監軍野津七二松田健四郎儀は戰場見賦とし

て諸所見分の處城南宮前街道より西之方に已に有利彼に不有利地形有之候付軍議相決し其所ゟ散隊を立付候且南之方土手ゟ突然として敵兵一小隊計散隊に相備候當隊之手配は惣て敵に横を打の備にて候然處敵之散隊を閉ち二列に相成土手筋無絕間寄來候付諸鄉差引兒玉平藏隊長市來勘兵衞致出會何方之藩にて候やと問掛候處德川先手兵隊五百人を指揮役地村某と申者にて二條城迄差越者共に候間御通し可給段申掛我々共儀は薩藩にて此所ゟ　勅命を以固め被仰付置候に付御通し申儀は不相成段申答候處左樣ならは我々共も命を蒙り罷通者共に付今一往御伺被下候樣申掛け候付御伺可申候間御控可被成と申達候處暫時なれは御待申けれ共隙入候得は押て罷通可申と强狀申掛押て御通り被成候

はゝ無致方候間於此方も相當の所置に可及と致返答置直に市來勘兵衞當隊に歸り後面を打之憂有之候付卽ち隊を立直し左半隊を川向の竹藪中へ伏置當隊十分の手配相調候處敵兵直樣街道の樣引取候尤一番大砲隊五番隊は街道筋幷城南宮邊ﾆ相備へ置候筋に相見得候然處七ッ半にても候や賊兵大勢街道の儘小銃を先手として大砲を中軍とし大勢無切間寄來候付監軍椎原直に差越來　勅答無之候付御通行不相成段及應接候處是非可罷通と申募り候付左候得は此方も所置可致段相達し置大小砲味方より打掛候付當隊より烈く致横打賊等伏兵有し事を氣付候や小銃を如雨霰打掛間々大砲打掛候付曳々聲にて彌勇を振ひ銃聲を無絕間打掛る其時川向に備置候味方の兵駈來り土手より又烈く致横打候夜入時分賊兵崩立街道にて人數を引纒め及敗北引退候付當隊直樣引揚人數相改候處手負戰死等無之殊に闇夜の事故追討の儀も不相調皆々胴亂へ彈藥入付一分隊を番兵に土手に殘し置本の陣所へ引揚け兵粮を喰し此

時今日戰爭の有樣本營御役所へ貴島卯太郎江田次右衞門差遣す最狙擊人數敵地之方へ斥候として差出候處賊敗戰の跡には死骸其外大砲要具等夥く捨有之候夜五ッ半時にても候哉又々此方へ相掛り候付卽ち本の利地へ繰出し七ッ時迄無間斷戰爭いたし候然に曉七ッ半時分にて候や街道筋大砲を先へ押立跡より大勢寄せ來り候段狙擊人數より申來候に付卽各隊へ致注進當隊は右之利地へ又々散隊に伏せ置候處味方より大砲打掛候付直に烈く致橫打賊徒も應之及接戰此時四番分隊戰兵肥後嘉二戰死無間も賊徒致敗走其時夜明前に相成り候

一翌四日早朝より各隊繰出し街道又は田畠より致追討當隊は街道より右之方加茂川を打渡候處賊兵菊亭殿米藏前通川堤へ米俵を以臺場之樣築立大小砲無絶間打掛候得共賊兵は依要地當隊は寄手之事にて殊に大砲も無之一人に付百發餘之致發射候得共賊兵不弱難儀候付大砲隊へ救を乞候處一番大砲平吉左衞門隊大砲二挺引來り當隊より小銃と共に打掛

候處漸く賊崩立敗走に及候今朝六ッ時より四ッ時迄苦戰にて直に人數集相調候處三番分隊戰兵野村淸兵衞戰死山口新吉手負引續て又々横大路村迄致追討最右苦戰之節諸鄕伊集院市來串木野の兵隊も來り共に相働候横大路村迄の間賊兵死骸大砲其外要具等諸所へ夥く捨置有之候此時新手十二番隊三番遊擊隊等繰出し交代是より救應手となり今夜横大路村人家五六軒借入致休息候事

一同五日早朝出張於本營役所に各隊手配の軍議有之三番隊五番隊二番大砲隊六番隊は鳥羽街道筋に決し進掛候處賊兵大小銃烈く打掛且右之方竹山より越矢放し掛當左半隊は竹山より横打に差向け三番隊五番隊同斷當右半隊は街道の儘進掛候處賊兵富之森と申所へ疊或は桶等に砂を入臺場の樣取仕立嚴く致防戰候付大砲苦戰に付小銃隊より致應援吳候樣との儀に付當隊彌勇氣相振ひゑひ王聲にて大砲又は外隊より拾間位も進出益烈く相掛其間纔に拾五間位にて御座候其時隊長市來勘兵衞二

番分隊戰兵前谷宗智戰死一番分隊戰兵濱田部左衞門德尾源七郎二番分隊日高鄉左衞門平田喜右衞門狙擊長野仲之丞有馬靜一手負候付人々勇氣十倍し死狂に相成益進んて致攻擊候處賊兵刀鎗を携へ十人位切聲にて突出候得共味方烈く打掛候處遂に追返し右臺場の樣築立候場所乘取候最會藩鈴木某と申者死骸有之是は敵將と相見得采配幷日之丸之旗有之外に死骸は勿論大小銃要具等勝て數へからす此時至極の難戰に御座候左候て淀川涯迄追討仕敵兵淀小橋打渡り又々町家に楯を取り烈く及砲發當隊は小橋北之方川堤へ致散兵暫時打合此時二番分隊宇宿彥之丞手負左半隊は前件手配通り竹山へ相掛り散兵にて銃丸飛來り候方へ進掛候處賊兵不相見銃丸迄烈く打掛候付此方よりも嚴く致發銃然に小頭見習貴島卯太郎斥候に出賊伏兵に逢致手負候夫より當隊幷三番隊五番隊半隊宛協力相働候處賊及敗走候付當左半隊は川舟にて向之地に渡り沼道を押通り竹林を探索し淀川迄致追討右半隊一緒に相成兵粮を喰し

候然處軍政局より五番隊當隊の儀は晝夜の戰爭に相勞れ其上是より先浪華城の間は至極の要地に付手配不變候ては勝算の見留も無之候間一先兵を引揚盡廟算を攻口相極る賦に候間早々引取候樣御達相成候付當隊之儀は各隊に相違ひ隊長も戰死之事候付是非賊兵無殘打亡迄は追打之先鋒被　仰付度段頻に致歎願置御屋敷之樣引揚候本營役所へ歸陣之御屆申出凱陣之勝鬨を揚銘々陣屋之樣罷歸り候

右之通御座候間此段申上候以上

正月

六番隊中

○

戰爭之次第左に申上候

四月廿三日未明に壬生城下繰出し一番備六番隊兵具隊半隊二番備大砲

隊臼砲打手三番備大隊一小隊内大砲一挺都合其勢二百餘人六番隊監軍狙擊手人數を一丁計先へ進んて山林竹藪等を探索して行軍し敵地近くなれは惣勢いよ〳〵心を用ひて鋭氣を含めり然るに城より三四丁計りなる所の麦畠は端に戎服にて鐵砲を携へし者兩三人見得たり卽監軍小指旗を約束通り振るあとへ受次て次第々々に振れり直に隊長散隊の令をなす卽隊を散開して早足にて進む右見得し者共畠中へ走去り是注進と見へたり無間も賊徒共道向臺場へ大砲押出し左右麦畠け中へも銃隊散開して烈敷打懸る大砲四五發も打てり味方少しも不恐曳王聲にて發射す三四發も銃戰して間合百間計りもなりぬれは彼等か臺場踏破るへきと決議して英々聲にて一同に發射して神速に掛れは賊徒恐れけん大小銃砲を捨て敗走す死骸纔に三ッ計あれり此時廻源五左衞門手負す此所より城下なれは隊長喇叭を吹せて集會す狙擊手人數を小路々々へ出してあとより隊を散開して攻掛るに彼等も土手竹山等を楯に取大小砲を打

掛る於爰永山覺太郎戰死す松元清右衛門矢野八次郎宇宿彦之丞手負す惣勢激發して追討するに半隊は城堀涯半隊はから堀を踏越土手之上まて攻付たり彼等は土手大木を楯にして如雨霰發射す素より味方は少勢敵は十倍なれは討てとも〳〵不盡進めの喇叭をならし勢ひ懸れり味方の兵氣强勇にして曳王聲にて攻擊すしかはあれと敵は大勢殊に要害に依り防戰しけれは急に攻拔がたく於爰加納次右衛門築地宗次郎鵜木吉次郎佐藤彦五郎松井十郎兵衛土手之上にて戰死す伊集院小藤次日高鄕左衛門手負す西田要之進岩城平右衛門川北六左衛門草野直太郎堀涯にて戰死す野津七二上原八郎菱刈七之助伊藤正次郎有川陽之助横山勇藏脇元喜之助安田仲左衛門市成彦右衛門川上彦八郎手負すといへとも彼等か勢ひの强きを不恐怖味方の次第に損亡するを不顧兵氣勇鋭にして烈敷攻擊すといへとも少勢なれは手配して敵の攻其所不守出其所必趨の策をなすことあたはす然るに喇叭の音後ろ之方に聞ふ狙擊を出して

見れは最初乘取し臺場邊へ賊三小隊計又大手門より右之方人家を放火して是よりも横を打てり城内よりは彌防戰す右之兩所へ纔十四五人を配りて是に當る岩切彦次郎戰死す凡三時餘之合戰なれは彈藥も已に盡むとす朝より糧をつかふに隙なく敵後を取切けれは彈藥糧を壬生より送るの道たゝれたり跡より各藩之兵具我隊五番隊も未續大難苦戰なりといへとも兵氣不鈍乍去先歸路の敵を打破り味方の死骸手負人を壬生へ送り兵を引揚彈藥を多し兵之勞を休め明朝可攻落と決議して靜に繰出す當隊一分隊を以殿となつて廻源五右衛門指揮す此時伊地知助五郎戰死す税所龍右衛門山下喜之助手負す臺場一丁程なれは大砲二發を相圖にして當隊三分隊は一同に曳王聲にて迅速に懸破る賊兵散々に敗走す夫より道の儘に繰引す無程右之方畠中へ賊徒散兵して放掛る此方よりも繰引す野崎善之進手負す原中へ次第々々に屯集すれと未た當隊一分隊は戰ひ果さるに東の方本道より彼等か方へ打掛る銃聲相聞ふ味方

ならん哉と小指旗を振り見るに彼の方よりも同く旗振る五番隊なるへしと大き喜んて狙撃人數二人を遣す五番隊長州等の勢也當隊へ彈藥二荷を送る卽銘々胴亂へ入付たり無間も壬生より因州勢も來る戮力せて可攻落と議して又々當隊先鋒す二番に因州勢大垣勢次第々々に城下へ五番隊長州大垣勢は本街道より押掛る賊兵城内へ集合して防戰といへとも味方人數も增して嚴敷攻擊すれは半時計之間彼等か銃聲衰へたり此時鬨の聲揚て城内又はから堀を越攻入見るに爰かしこに夥敷死骸あつて賊徒惣て落去りける一同に勝鬨揚て城内に宿陣して堅く守れり

右宇都宮を朝敵乘取致籠城候付攻擊被　仰付候節戰爭之次第右之通

御座候

一五月廿六日早朝朝敵會仙臺棚倉二本松等之人數白川城四方より寄來り卽見張番所より相圖之大砲打ならし當番の官軍直に繰出し尤我藩五番六番之兩隊は非番なれは大勢寄來る難澁の場所へ援兵するの策略なれ

は六番隊は仙臺街道の應援として出兵す賊徒白川四方の山岡に乘り又は沿道を越寄來る官軍是に應して要地に依り待懸る當隊は半隊にて右半隊は金正寺岡へ差向ふ左半隊は大垣堅め富士見岡援兵として仙臺街道左右の岡へ出張す然るに賊徒遠方より打懸るといへとも味方よりは銃發せす敵へ近寄り發射に及ひ當隊右半隊は神速に進擊して金正寺岡中央迄責付候得共各藩之人數は勿論我藩各隊の人數も未續總に半隊を以十倍之敵に應し候處此時染川彥八比志島孫四郎手負す夫より我藩五番隊一分隊を援兵に乞ふ左候て共に攻擊いたし候得共賊は金正寺岡峰之要地にて味方を眼下に見て互に烈戰す折柄兵具隊援兵に續て少しは人數も增して進擊いたし候處遂に右岡之賊徒追落しそれより追討候處散々に敗走す爰かしこに打捨候處死骸餘程御座候左半隊は仙臺街道之賊徒悉く打散し根田宿迄追打致し此時畠山森之助手負す左候て樺山清五郎儀は棚倉街道之方長州堅めの方に斥候として差越候處長州勢少し

は苦戰にて無仕形援兵いたし候處戰死に及ひ此日の戰いつれも勝利にて當隊は兵を集白川之樣引揚る

五月廿六日戰爭之次第右之通御座候

一六月十二日當隊原街道堅めの當番にて御座候處朝五ッ過比賊徒遙に見ゆる間あつて向之方十五六丁隔たる岡の上に出る又下へも見ゆる間近く寄るを待けるに湯元街道土州兵川を隔て戰爭始め互に發射す然るに當隊は當番の事なれは一分隊を殘して三分隊を繰出して是に當る賊兵大小銃砲を岡之上松之蔭等より烈敷打懸る敵三百人計と見得たり間合近寄候處直に大砲打懸る當隊激發して神速に進擊すれは大砲二發も打事あたはす敗兵次第々々に敗走す此時長速市郎長野仲之丞戰死す種子田左門手負す一里餘り追討して是より兵を本の樣引揚け堅く相守り候

六月十二日原街道堅め當番之節賊徒襲來戰爭之次第右之通御座候

一六月廿四日棚倉城攻擊被　仰付白川城曉三字に繰出し我藩には二番隊

四番隊六番隊二番砲隊兵具隊也各藩には長州土州大垣黒羽等也白川より一里位も候哉赤山と申要所に砲臺等築候様子兼て探索致し置候に付已に赤山下へ行掛り候處直に大砲打懸五六發位も打申候得共纔之事にて目も不掛進行いたし候處金山と申所へ賊徒屯集にて四番隊戰爭に及候處賊兵悉く敗走いたし死骸等餘程有之左候て我藩之兵隊惣て集合し各藩之人數と左右二手に分れて棚倉城へ押掛り候處賊徒少しもたまり得す大砲三四發位も打掛候得は急に追詰候處自ら城中に火を掛散々に落去り此時園田且節手負す死骸等も纔有之勝鬨揚て當所へ宿陣

棚倉城攻撃之節戰爭次第右之通御座候

一七月廿七日晩三春藩より申出趣城下より二三里計有之候ぬか澤村と申所賊徒三百人計り屯集の由尤此村より二本松領にて直樣當夜攻擊に決定いたし我藩には二番隊四番隊六番隊也外に土州の人數二小隊位も候哉當夜曉七ッ時分三春城下繰出し進擊仕候處朝掛之事にて速に攻詰申

候處大きに混雜いたし賊徒一發も打出す事あたはす悉く打捨當隊には一人も手負等も無御座賊兵の死骸六十人位有之右之在家惣て放火いたし四ツ時分三春之樣兵を引揚歸陣仕候

一七月廿九日本宮宿陣を繰出して二本松城へ街道より被差向け《マ・》る先鋒には我藩十二番隊續て九番隊大砲隊次第に二番隊四番隊六番隊私領兵隊也追々土州勢佐土原黑羽等次第々々に備嚴重にして正々堂々たるの形勢也賊徒に當る時は忽然として敵の前後左右に當るの策にてはる〲と進み一小隊より狙擊手の人數四人つゝ撰んて眞先に斥候として押出すしかるに中途左右の松山藪等は探索して斥候人數放射して伏兵のあらん事を試見る賊城より二十丁計なん大だん山の左へ柵を張り砲臺を築き賊徒散開して大小銃砲を打掛て手強く防戰す然るに官軍之惣勢左右へ散開して同く大小銃砲を放射す半時計は互に烈敷戰ふといへとも賊徒も爰を專途と防けれは急に打破りかたし時に働者は先きに疲れる

者にて後るゝの意にて我藩之各隊前後交接して進撃す當隊は分隊して右之山左之方又は本街道正面より突然として進む賊徒味方の勢ひ懸るを恐けん多は敗走す此時日高郷左衛門戰死す貴島卯太郎山下喜之助二木甚兵衞深手を蒙る道のかたはらなる家の後より賊二三人計飛出て松崎杢右衞門へ切掛る杢右衞門深手を負ふ彌激發して敵一人を切伏る夫より城下町を進撃して諸所にて相戰ふといへともなんなく城下迄責付たり當隊は大手門に差向ふ大砲隊城内を打と直樣進んて英王聲にて城門に責付扉のくゝりを押破りて打入見るに又門あれ《マヽ》り破りかたし時福崎琢悦伊地知壯之助扉に登りて塀を越へて一番乘す夫より城内武士小路なれは彼等諸所より防悉く打捨本丸は早火燼となる當隊は喇叭を鳴らして人數を集め一同に勝鬨を揚て靜に行軍して宿陣之樣引揚る

二本松城攻撃之節戰爭之次第右之通御座候

一會津若松城攻撃に付二本松城八月廿日繰出し玉之井へ一泊翌日未明に

玉之井繰出しぼなり峠なりぬれは賊徒砲臺等築き殊に要害なれは迚も急に攻拔事六ヶ敷我藩一番隊より六番隊迄左の方山峯を越賊の背後に出はさみ打の賦にて尤跡に大垣勢も續て右山を越す正面よりは我藩九番隊十二番隊大砲隊也程なく戰爭相始り當隊は早く後に廻らんと思へとも中々嶮岨にて急に越す事あたはす樣々にして越へ候處正面より掛りたる官軍早悉く打破り殘兵七八人右山を越し落來る處不意をうたれ兩三人死骸有之外四五人は右山中へ迯去り惣てとある在家迄出候處ぼなりの賊徒最早追討被致候て所々に打捨有之當夜野陣いたし翌未明當所繰出し猪苗代迄責付申候處早陣屋等燒捨賊徒悉く落去り當隊は當所へ宿陣いたし翌未明同所繰出し候處先鋒隊早戰爭始め最早追討に相成中途の死體餘程御座候左候て若松城下迄責詰申付當隊は人數集合し大手門に差向ふ城門より一丁計の間合になりぬれは賊兵諸所より烈敷打懸る味方も爰を專途と烈戰す此時園田勇吉川上彥八郎上原正八郎中島

岩次郎藤井才之助戰死す讃良武五郎加治木彦太郎二階堂彦太郎福島良助手負す賊徒も必死の防戰しけれは急に攻拔事あたはす無程日も暮候處いつれ一涯外堀迄兵を引揚武士小路すべて焼拂ひ左候て明朝神速に掛り一時に攻落すの賦にて御座候處何分賊兵も一致の人數なれは容易く攻拔く事あたはす遠巻いたし候夫れより終日終夜の攻撃御座候へ共中々防戰しけれは互に銃聲やむ隙なし然る處九月十七日青木村邊之賊打方有之當隊には爲應援被　仰付天寧寺岡へ出張り於爰松田健四郎手負申候尤健四郎事途中於宇都宮死去す左候て當隊は此日別段戰ひは致し不申候右青木村邊悉く敗走いたし申付當隊を引揚け然れとも終夜の攻撃にて遂に九月廿三日降伏開城致し候付當隊は直兵を江戸之樣引揚申候

右は關東出軍以後諸所におひて戰爭之次第右之通御座候此段御屆書差上申候以上

明治二年巳二月八日

六番隊監軍

兒玉平藏

慶應出軍戰狀

本府 二

七番隊八幡戰爭等之覺

去辰春戰爭之形行可申上旨被　仰渡趣承知仕私共一隊之儀は戰地へ出張手配は仕候得共戰爭は仕不申乍併形行左に申上候

去辰正月六日曉七ッ時分京都出立淀へ五ッ時分著陣之處賊徒は八幡邊へ屯集致し戰爭央にて攻口相伺候處最早攻口も相究居候付見計を以致應援候樣致承知美津村へ押渡候處八幡下人家へ火相掛り同所北之方へ砲聲烈敷相聞得候付彼方へ速に差向け駈付候處賊徒迯去居諸所致探索候得共一人も不相見得夫より橋本の方致進軍居候處橋本關門へ致攻擊候樣致承知八幡隊と進軍の處是以て迯去居夫より夕七ッ半時分美津村へ引揚夜中巡邏いたし翌七日滯陣同八日橋本へ進軍同所關門固め候樣致承知十一番隊

二番砲隊等にて相固め外に加州藩出張固相成同十七日依御達致下坂候處神戸關門可相固旨致承知同十八日兵庫へ著陣同廿日より神戸關門固め十番隊へ致交代一番遊擊隊と繰廻し相固め二月中旬頃外城一番隊出張同樣相固め長州藩も出張居萬事申談相固め二月廿五日私領一番二番二小隊爲交代繰込候付致交代翌廿六日大坂へ著陣之處同所市中巡邏可致旨御達にて致滯坂居候處

御親征との　御幸被爲　在候節も御警衛等相勤三月廿六日大坂出立京都へ引揚候旨致承知翌廿七日京都へ引揚申候

右之通御座候間此段申上候以上

巳三月

七番隊
小隊長之場

新納軍八

右同監軍
山本矢次郎

此節奥越戰爭之形行可申上旨被仰渡趣承知仕左に申上候
去辰六月廿三日越後長岡城下へ著陣其夜則より巡邏仕翌廿四日同領筒場村臺場二ヶ所大黑村へ一箇所築固め有之十番隊へ致交代大黑村臺場之儀は高田藩請持之場所に候得共從此方も一分隊宛加り筒場村二ヶ所の內一ヶ所は二番砲隊一砲車相備右へ一分隊宛相固め居賊徒は福井村へ臺場數ヶ所相築居距離二町或は三四町之場所も有之二十寸臼砲幷携臼砲等も節々相用ひ晝夜防戰仕七月二日未明大黑村へ賊徒三四小隊位襲來則より烈戰三番分隊爲應援繰出致橫擊候得共賊の勢ひ盛に有之又候四番分隊繰出同樣橫擊又は筒場村二ヶ所之臺場よりも致橫擊候處夫より賊も引色に相見得益々致放發候處五ッ時分頃賊徒終に本の福井村へ迯去に賊之死體四

十位其外臺場前へ田の中等へ倒居候者も御座候得共取調出來兼申候最高田藩にも同樣致防戰當日八ッ時分御親兵一小隊出張高田藩半隊と交代固め相成此日卽死手負等も御座候同十五日番兵二番隊同所へ繰込同村相固め連日晝夜防戰仕申候同二十日頃四番砲隊三砲車筒場村へ備相成同廿五日未明より官軍惣懸り之御達しにて半隊は筒場村砲護兵に備半隊は百束村へ致攻擊候樣致承知大黑村臺場之一分隊は夜入候而引揚廿四日夜八ッ時分筒場村より南に當り遙に一聲放方の樣相聞得速に聲を揚け放火相見得火矢あげ直に大砲諸所より放發致し官軍よりも烈敷砲擊則右半隊を南の方福島村迄繰出候處最早城下近き在家へ追々放火相見得候に付先を防く爲め益相達候得共難追付城下へは官軍千人計も守兵有之候段承居候に付念遣無之と考へ下條村は兵粮方幷彈藥等格護の場所にて彼方を防禦の爲め進居候所左半隊駈付候て城下へは官軍守兵無之段申聞候に付下條村へは十人計も差向候て速に城下方へ急進候處町口手前新穗村在家へ斥候

行懸り候處十四五間計の所へ多勢屯集に付何方歟と問懸候得共答無之又は合詞等掛候得共同斷答無之故速に溝土手并畦等へ撒開致放發一時計も押合候て夜も明け益々烈敷賊の勢退體にも無之苦戰に及ひ居候處六ッ半時分頃十三番隊一分隊位五ッ時分に番兵二番隊半隊位二番砲隊一砲車爲應援駈付候處大に勢ひを得則半隊を以て左の田の中より横擊頻に致放發候處終に賊徒四ッ過時分逃去臺場乘取賊の死體も有之候得共急擊故調兼致追討候處賊も諸所へ逃去半隊は石內方より西神田方へ進擊賊數多打取り諸所へ致追討城下神田町へ引揚兵粮抔仕ひ居候處外の半隊も南の方致追討候ゐ同所へ引揚同樣兵粮仕ひ各隊城中へ攻入の軍議にて致攻擊候處賊徒町家の裏に致防禦居致放發候に付一分隊は砲護兵に備へ其餘は諸所へ撒開互に致烈戰候處既に日暮に相成假りに疊を以て市中に臺場築防戰十番隊二番砲隊一砲車番兵二番隊長州二小隊位にて小路等を相固め居候處暮時分より城近邊へ賊より致放火大に燃立賊徒より砲銃益々放發致烈

戰居候折關原迄引揚可相固旨申來り信濃川黑津之渡しを押渡り候處大島崎渡場可相固旨致承知夜半時分大島崎へ著陣之處加州長州藩其外各藩相固め居同樣相固め此日卽死手負等御座候翌廿六日妙見村へ繰出候樣致承知暮前進軍翌廿七日早天妙見村へ著陣則より十番隊へ致交代六日町本道臺場相固め外に長州尾州藩等山手幷川邊等を相固め少兵にて廣地の場所故田の中等へ散開相固め篝等數ヶ所焚き賊等は四五町或は六七町位の處へ臺場等相築き致放發終夜防戰翌二十八日長州松代藩著陣十四番隊も同斷にて則より同樣相固め翌廿九日致進擊候旨致承知山手の方十番隊長州一小隊川邊の方尾州藩等にて本道より長州一小隊松代藩砲一門七番隊にて正面より田の中撒開未明より致進擊候處暫時は相答候へとも無難逃去り村々へ臺場數ヶ所相築悉く逃去致追討長岡町口迄相進候處町內へ賊徒臺場諸所へ相築野戰砲等相備頻に致放發要所故容易に難攻破本道左の方林中へ半隊差向き半隊は本道脇へ伏せ長州松代等の兵隊は本道又は右方

へ相進烈敷撃懸候へ共距離近致苦戰居候處少々繰引に致烈戰候樣申來候へとも此場退樣に賊より見請候ゟ賊勢ひを增候へは容易に難攻破儀と隊中致決議彌進て致烈戰候處終に賊野戰砲幷彈藥打捨候ゟ逃去臺場乘取夫より人數相圓め速に城中へ攻懸候處最早致落城居一人も不相見得速に福島村へ進軍水門臺場へ繰出候處長州も二小隊繰出居賊徒は本の福井村臺場へ退彼方より致放發居候に付筒場村大黑村水門臺場より一同致進擊候處無難逃去數ヶ所の臺場乘取福井村百東村致放火又候水門臺場へ夜六ッ半時分引揚相固此日卽死手負等御座候八月朔日漆山村邊より見附迄進擊可致旨致承知早朝繰出見附驛へ四ッ時分頃著陣番兵致し翌二日大面村へ進軍晝過月岡村へ早々繰出候樣申來り速に二里餘の處へ駈付候處川有之隔戰にて直樣新穗村へ繰込川舟致探索候へとも皆賊方へ引付有之不得止川畑へ相開終夜致放發斥候等度々差出此日卽死手負御座候翌三日未明より追々砲聲も絶々相成夜明全く放發不致候に付斥候差出候處逃去り夕方

月岡村へ引揚夜中致巡邏翌四日三竹村へ間道有之右へ繰出候樣致承知則進軍相固居候處同所より一里餘の柳澤邊へ賊屯集の由右へ致進擊候樣申來り本道より十三番隊其外各藩等にて間道より長州一小隊御親兵一小隊松代砲一門と八ッ時分より致進擊候處賊徒柳澤村へ臺場相築本道よりの官軍烈戰央へ横合に進入候處無難逃去半道位も致追討候處右方小高き山へ嚴重なる臺場築居此方より頻に致攻擊候へとも何分要所故落候勢ひにも無之山の上へ兩度迄登り候へとも樹木繁茂地形惡鋪本道へ進軍の處官軍多勢故應援にて巡邏等致居候處翌五日未明逃去候に付先鋒前にて長州二小隊と速に加茂驛迄進軍致探索候處遠く逃去り候由同所へ兩日滯陣致巡邏同七日村上城下近き五泉驛へ致進軍同八日保田より赤坂口へ致進軍候樣致承知右は會津領津川迄の間道筋にて同九日赤坂へ繰出候處同所へ四番砲隊長州新發田藝州藩等出張居臺場築固め居同樣相固め賊徒は小松村へ屯集に付翌十日朝五ッ時分頃長州一小隊藝州一小隊七番隊半隊外城

二番隊半隊致進擊候處松山抔諸所臺場は無難逃去致追討候處小高き山の上に臺場或は下に關門相固め居手茂く賊方より致放發右の方會津大川左は高山より打卸し官軍よりも手强く致攻擊川向官軍も砲銃等烈敷擊懸候へ共何分賊は要地に於て相防候故掛り場惡敷各藩申合一往引揚又候軍議兩手に分れ一手は山上より一手は本道より致進擊候處山上の手難場嶮岨に付遲刻相成七番一分隊山上へ致進軍候へとも是以難場登夫故日暮に相成本の赤坂臺場へ引揚其夜相固め此日戰死手負等御座候翌十一日山上の手晝八ッ過頃放火相圖にて本道一緖に進擊之約條にて正面より越前二小隊砲二門藝州一小隊長州一小隊七番隊半隊外城二番隊半隊山の手高田長州新發田兵隊にて右刻限山の手放火相圖にて進擊相成一時計も烈敷致放發川向官軍よりも十四番隊四番砲隊外城四番隊其外各藩致橫擊候處終に賊徒逃去致追討日暮に相成同所高山へ相固め番兵致し賊徒は半道餘の石間村へ關門臺場相固め居其外高山へ臺場相築き此日戰死手負御座候同十

五日迄は防戰仕本道は難場嶮岨に付山手の方より攻擊相成居候處同十六日朝賊方より放發不致候に付諸所臺場より致放發候へとも答無之本道固居候處前一小隊爲斥候石間村へ進軍相成候處關門臺場嚴重築居候𛁈逃去り夫より二里餘の所へも斥候出候へとも遠逃去居川向各隊も石間村へ繰込同十八日迄同所へ滯陣同十九日三里餘の川口村へ致進擊候旨致承知晝時分より進軍夕方同所へ著陣則より巡邏仕賊徒へ川向谷澤村其外高山等へ臺場相築居致放發翌二十日大卷村白崎村へ斥候出し篝等焚き相固め外に越前一小隊出張居翌廿一日御親兵一小隊繰込行地村へ進軍候旨致承知御親兵へ交代にて行地村へ夕七ッ時分著陣同廿三日諏訪峠番兵加州藩致交代翌廿四日大卷村可相固旨致承知暮前諏訪峠出軍大卷村迄の間道別て難場にて漸夜半時分著陣賊は川向へ數ヶ所臺場相築居候に付則より致斥候等居候處翌廿五日晝八ッ半時分川向山の上に兵隊相見得候に付旗合せ候處官軍にて致進擊候に付賊の臺場へ致橫擊候處無難逃去直樣川を押渡

り津川町迄致追討候へとも一人も不相見得其夜同所へ宿陣巡邏等致し翌廿六日滯陣翌廿七日一より四の手まて相分り七番隊幷外城二番隊餘は長州越前松代藩等二の手にて五ツ時分より八木山へ致進軍賊は車峠邊に屯集の處一の手より打散し候報知有之又々下野尻驛へ夜入候て同所へ著陣致邏巡翌廿八日若松への間道筋柳津村へ進軍の折中途にて致探索候處賊徒柳津へ屯集之哉に相見得急き進軍長州一小隊爲斥候柳津手前より川越しに探打致し候處賊柳津人家幷杉山へ臺場諸所へ築居彼方よりも致放發候に付川を押渡り進撃の賦候處舟無之殊に急流にて難渡故川手の上に登り烈敷打懸其夜臺場築諸所相固め同晦日迄同所固め居候處柳津より西の方に當り三里位も有之西方御藏入と申所へ渡場有之右より致廻軍柳津の賊を双方より致攻擊候樣御達にて九月朔日長州二小隊七番隊外城二番隊にて朝五ツ時分より進軍西方へ行掛致探索候處最早賊より西方へ押渡り居候段相見得斥候差出候處山の上より賊致放發候に付本道幷山手兩手に

分れ本道より致進撃候處暫は致烈戰候へとも終に賊逃去臺場乘取致追討候處諸所へ逃去渡舟は賊川向へ取寄せ臺場等築居候に付此方も臺場相築晝夜防戰同六日七ッ時分賊逃去則渡し舟此方へ取付翌七日早天各隊押渡り致進撃候處賊徒不相見得瀧谷村へ宿陣同八日塔寺驛へ夕方著陣之處南宇内村固め十四番隊へ致交代翌九日九ッ時分山崎村へ半隊外城二番隊半隊地形探索方として進軍の處村境へ大川有之賊川向山崎村へ臺場相築致放發候に付川堤へ撒開致戰爭候折外の半隊も速に駈付致烈戰候處日暮其夜臺場築斥候等致し此日手負御座候夜五ッ時分長州三小隊砲二門新發田砲一門出張相成翌十日早天より砲銃烈敷攻撃之處終に五ッ時分逃去川向舟を漸取寄せ各隊押渡り山手幷本道双方より致進撃候處賊徒一人も不相見得きそろちにも此日進撃有之筈にて彼方へ進軍の處賊敗走央へ駈付致追討夕七ッ時分山崎村へ引揚致巡邏翌十一日早天越前一小隊へ致交代坂下驛へ進軍若松城下へ繰込候旨申來り夜五ッ時分城下へ著陣同十三日大

砲攻有之筈候に付天寧寺口近邊致應援候樣致承知早天より出張居候得共雨天にて延引相成高田藩申談相固同十四日大砲攻にて烈敷砲擊同十五日青木村へ賊徒屯集之聞得有之佐土原二小隊外城二番隊日光口方より長州一小隊にて青木村へ致進擊候旨致承知當朝五ツ前頃より進軍青木村へ斥候差出相成候へとも賊一人も不相見得十町餘に在村有之其方へ佐土原二小隊爲斥候進軍相成候處無間砲聲相聞得速に駈付候處賊も多勢に相見得山手の方へ半隊差向半隊は田の中へ散開致烈戰候處追々賊引色に相見得益々致放發暫擊懸居候處賊銃彈横より打掛候に付不審に考へ致斥候候處官軍之各藩引揚之樣子相見得賊勢ひは相増此方よりも致烈戰候得共少勢にて難破掛場も惡敷青木村迄引揚烈戰の賦にて不得止繰引に致放發青木村近く引揚候處城中より一小隊位駈出三方より打掛候に付速に青木村に相圓彼地より致放發候處山の上より一番遊擊隊爲應援駈付同樣致放發候處終賊徒本々へ引退暮時分同所引揚此日即死御座候同十六日天寧寺口近

邊番兵同十七日早天村々之賊徒致攻擊候樣致承知佐土原三小隊宮之城隊一小隊外城二番隊七番隊兵具隊山之上へ早天揃五ッ時分より先鋒にて山手より在家へ相開佐土原宮之城隊は畦道へ開日光口方より長州上州米澤藩一同致進擊候處無難逃去二里計も致追討夕方引揚夫より降伏迄は諸所致番兵奧州二本松迄進軍依形勢仙臺迄爲應援被差出候旨致承知十月二日若松出軍同四日二本松へ著陣同八日福島城下へ著陣之處於彼地凱陣休兵可致旨　御沙汰之趣奉承知翌九日福島出立引揚申候

但戰死手負左に申上候

深手　監軍　西郷宗次郎

右六月廿八日長岡領大黑村於臺場手負之處長岡病院にて七月朔日相果申候

同　戰兵　酒匂孫一郎

右六月廿九日同所於臺場手負之處九月十四日高田於病院相果申候

同　　　　旗手分隊長之場
　　　　　　　　木藤壯次郎
右同日筒場村陣營にて手負
即死　　　　戰兵　　稅所正吉
同　　　　　同　　　久木田清次郎
同　　　　　同　　　堀之內平八
同　　　　　同　　　白石吉左衞門
同　　　　　同　　　隈元八次郎
右七月二日長岡領大黑村へ襲來之節即死
　　　　　　深手半隊長之場
　　　　　　　　　　村田萬次郎
右同日同斷之節手負柏崎於病院七月十四日相果申候
深手　　　　戰兵　　池田猪之助

右七月二日手負長岡於病院七月十六日相果申候
同　同　二之宮藤次郎
右同日同斷之處長岡於病院七月十七日相果申候
同　小頭　西田藤兵衛
同　小頭　田中仲藏
淺手　戰兵　野村正左衛門
深手　同　池端宗之丞
同　同　田尻吉兵衛
同　同　野村助左衛門
右同日於同所手負
同　喇叭役　伊勢仲七
右同日筒場村於臺場手負
即死　戰兵　甲斐利兵衛

同　　同　　畠山孫四郎

同　　同　　伊勢孫一郎

同　　同　　千田壯八郎

同　　同　　丸田彌七左衞門

同　　同　　久木田雄右衞門

同　　同　　宮下市助

右七月廿五日賊襲來之節長岡新穗村并城下等にて卽死

深手　　小頭　　伊地知喜八

同　　小頭見習　　森川勇之進

同　　戰兵　　伊藤萬左衞門

同　　同　　今井吉兵衞

同　　同　　岩下金四郎

同　　同　　松田玄春

同　同　逆瀬川正之進
同　同　友野清六
淺手　同　安藤猛助
深手　宮之原源吾組下人　虎
右同日手負
即死　戰兵　田原與一郎
同　同　林才之丞
右七月廿九日妙見村より長岡城下へ進擊之節即死
深手　同　兒玉彥四郎
同　同　甲斐彥左衞門
右同日同斷之節手負小千谷村於病院八月朔日相果申候
同　同　能勢源左衞門
右同日手負於同所八月二日相果申候

同　分隊長之場　樺山禎助
同　小頭見習　矢野平八
同　戰兵　佐藤賢二郎
同　同　東郷吉之進
同　同　川上喜仲二
淺手　同　野村正左衛門
同　同　迫田彦太郎
同　半隊長之場　能勢十九郎

右同日同斷之節手負

戰兵　有馬良次郎

右八月二日越後の內桑名領月岡村にゐ手負高田於病院同十七日相果申候

同　同　友野雄介

右同日於同所手負
辻盛之助

右八月十日越後之内會津領小松村進擊之節即死
深手　監軍　湯地休左衞門

右同日同斷之節手負新潟於病院九月朔日相果申候
即死　戰兵　鹽田分左衞門

右八月十一日同所進擊之節即死
深手　小頭　宮之原源吾

右同日於同所手負新發田於病院八月廿九日相果申候
淺手　半隊長之場　能勢九十郎

右九月九日會津領南宇内村にて手負
即死　戰兵　鮫島源助

右九月十五日會津青木村より進擊之節即死

右之通御座候間此段申上候以上

七番隊
小隊長之場
新納軍八
監軍
山本矢次郎
半隊長之場
能勢十九郎

八番隊

一此節　御前にて言上仕候隊兵合戰之次第細詳書付を以可申上旨承知仕候八番隊之儀者去月六日八幡迄出軍いたし則同所橋本手前堤にて及合

戰候處一紵同樣之働にて拔群抽致苦戰候もの無之乍然伍長鎌田尙圓事
小頭病氣にて右之場所相勤致出軍候處銃丸に當り致戰死申候其外手負
のもの無御座候間此段形行御屆申上候以上
但引合西郷吉二郎儀者病氣にて出軍不致候
辰
二月六日
八番隊
監軍
相良甚之丞

○

八番隊戰狀

慶應四戊辰五月西園寺中納言殿北越表鎭撫總督之爲被蒙
命徵兵一番隊隨從の奉

命同十日京師を發軍す隊員百十八人佐土原士十五人加ふ同十八日越前敦賀へ著陣同廿一日敦賀出帆英國商船同廿二日越後國今町入港同廿三日高田へ著陣す西園寺殿是に本營を居玉ふ分隊つゝ宿衞す然るに長岡表進止の注進を聞て隊中出軍を希望す卽ち三分隊進軍之令あり同廿六日高田發陣同廿九日長岡に著同日申の刻與板へ應援として進軍一手の持口松代藩と合兵して守疊す同晦日兵士槐島八郞左衞門深手を負ふ長岡に逐六月朔日曉與板發して出雲崎に轉陣同二日未明爲先鋒出雲崎を發して島崎に著暫時休兵喫食す未の刻に至て諸藩動搖す卽ち斥候を出す賊徒進襲迅速應之然とも賊は山にたより味方田の面に進出敵百五十間位にして烈戰す賊察寡左右に迫る頗る苦戰に及至申刻不得已惣勢出雲崎へ揚る死傷左之通

隊長

野元助八

深手後日死す

斥候

戰死		榎本新十郎
深手後日死す	右同	高柳幸左衞門
深手	兵士	園田紋九郎
深手後日死す	旗長	吉利正兵衞
右同	兵士	川村宗之丞
深手	樂長	大河原喜八郎
右同	兵士	矢野壯太郎

右同
右同
淺手
右同
右同
右同

右同
桑波田養德
右同
中島助次郎
小頭
土岐半介
右同
湯地源左衛門
兵士
鎌田與八郎
右同
野間清兵衛
右同

右同　和田壯右衞門

右同　加世田彥一

右同　四本壯之丞

付役　西田新藏

深手後日死す

同五日築壘諸藩之固我隊を以爲應援同十二日早天松代高田加州の持口に賊進襲す應援して追退く同十九日早天より賊屯集の山田村を攻擊の決議左半隊長の軍艦に乘海陸より攻擊す能く守て利あらす暮に及兵を揚る同廿四日賊大に進襲右半隊乙茂村加州の持口分隊を久田村赤坂へ應援す乙茂にて右半隊必死橫擊賊死傷多くして敗走す賊木ノ實峠と云高山に壘を

築く應之て同築き晝夜砲戰す同廿五日外城一番右半隊來て合力す七月朔日左半隊澤田長の持口に應援す同七日澤田を揚て乙茂に代る同九日右半隊長岡へ應援として轉陣城下市中晝夜巡邏す同十四日長岡を發して與板に進軍二番遊擊隊と代て臺場を守る晝夜砲戰す同廿五日未明より與板關門へ賊迫る壘を越て横擊敗之小頭伊集院源五深手を負兵士伊地知市左衞門深手にて翌廿六日死す左半隊山田に進む翌二日より寺泊の方に向追々進軍右半隊は與板を發して地藏堂に進軍す同三日吉田村にて左右合隊同十一日丑の刻中村より村上の城に向て進軍す先鋒越前二小隊前夜より進軍すと雖岩舟の渡にかゝつて進み兼る合て打渡る賊臺場を引て岩舟の在に向と云村上の形勢を探索す然處岩舟の村迦れより賊頻に砲發味方暫時混雜す然とも兵を配り應之て四方に追討賊は村上の城に向て引退く卽兵を纏て兵粮を遣ふ村上の城に向火の手上る急速城下迫る賊は城に火を掛て庄內の方に退と云それより城內に入て陣す同二十日村上を發して庄內

の境に進軍同廿六日小名部に進擊あり長と合し遊軍となつて中繼村に陣す先鋒利あらす暮に及て兵を揚る九月朔日子の刻より鼠ヶ關に進擊す賊關門を守嚴にして終日砲戰す諸藩手負死傷多し山手濱手に分隊を以て應援すといへとも利あらす加治木大砲隊苦戰す二番分隊應援して兵を揚る同十日夜亥の刻庄內領關川に進擊先鋒となる關川の間に雷村と云あり嚴重に臺場を築きて防く軍議あつて夜中に間道にかゝり或は山谷を越して關川の後を尋るに案內者も暗夜の山越なれは方角も不知一足引て先を尋るに間道は逆木を伐通路をたつ漸く十一日申の刻關川と雷との間山上に出る此所よりは兩所眼下に見下暫時休兵す是より高鍋一中隊附士一番岩川隊を關川の關門に向ふ我分隊を以て小名部口の間道を守り長我分隊合て雷村臺場正面に掛る右半隊は同臺場の後に廻りひそかに賊徒屯集の所に亂入す賊落膽込筒をも不發散亂追討生捕小銃彈藥等分捕して兵を雷村の臺場にまとめ間道に番兵を置て殘賊を防く前夜より兵粮も不續兵卒疲

労すといへとも終夜篝を焚て野陣すしかし關川と雷との間に賊忍終夜砲發す故に關川の先鋒は兵粮に困窮す然とも軍は大勝利にて關川に陣す翌日に至て殘賊退き通路開け各藩關川に繰入る庄内に迫ることを議すと雖兵寡にして時宜を失ふ同十三日賊關川を襲ふ巳の刻より未の刻迄拒戰す賊は木の俣を差て引退く同十五日關川の三方の山上より賊發砲す大に苦戰所々に應援及幕賊退く夫より山々に臺場を築き晝夜之を守る同廿六日庄内歸順同廿七日未明より進發同廿八日庄内城下著陣十月六日庄内を發して村上に凱陣同十三日新發田より

兵部卿宮東京御引揚に付報告あり十四日新發田著同十五日供奉新發田を發同十九日追分より歸京奉

命十一月十四日京師著

戰爭之次第右之通御座候以上

但發京歸京之次第不及申上儀歟とも奉存候得共徵兵の事故右之通奉

言上候

八番隊小隊長之場
赤松重之介
半隊長之場
仁禮喜右衛門
監軍
大橋喜右衛門

九番隊

一辰正月六日早天淀川相渡八幡石淸水下在家南之方田之中裏手には味方一人も不見得候付卽兵隊押通し朝五ッ時分押寄散兵に開き押掛候處在家裏竹之藪より賊兵夥敷小銃打放互に打合候央外城伊集院隊幷長兵一

中隊相續合備にて暫之戰其時兵隊之内小頭税所清之助鮫島雄四郎兵士阿多孫次郎深手を負兵士赤井清心郎死兵士淺手有馬春齋皆一緒に銃丸に當り候付隊長猶又兵隊を勵しゑいや聲にて踏込候處賊兵とも蜘之子を散か如く逃去候付在家へ押入二ケ所へ火を掛裏手に待伏せ居候得共殘黨壹人も不見當故則兵を揚て淀川畑細道を拔け通り橋本臺場へ相懸候處藤堂堅め臺場より賊兵へ大小砲打掛候付暫く兵隊を伏置誘《透カ》を見合居候得共砲聲不少候付押て川手之矢來を打破り乘越候處藤堂臺場より味方之薩兵見へた／＼と時之聲を揚大小砲打止め候付直に臺場へ乘入候處敵逃去候跡にて賊一人も居不申夫より十二三町も追掛候處田之中へ刈庵有之若殘黨伏居候も難見計候付三四發打込候處賊兵十七八人位駈出内一人馳返り中には味方ぢや／＼と小手招きいたし候付味方者誰歟と問掛候處

朝廷之方の味方と申僞勿論會藩の印有之候付隊中より一發打放候處胸

板を射通小銃打捨申には彌會藩に相違無之をのつから相名乘候付隊中馳付一緒に切付空敷打留申候夫より追討いたし候得共逃去候付追付不申故又候橋本臺場迄引返候事

但打留候會賊姓名不相分候得共餘り異(遺)恨故肝を取出し串に繫き炮火にてひと〔ママ〕り于今隊中へ持居候

右之通り御座候以上

辰正月

九番隊

監軍　相良吉之助

野崎平左衛門

九番隊戰狀

一辰七月四日江戸表姫路屋鋪繰出品川へ一泊翌五日同所より乘船則出帆相成同九日常州平潟へ著船仕直に上陸相成晝飯比より當所出立奥州小名濱へ暮時分著陣仕翌十日九番隊私領二番隊七本松迄出陣被　仰付同八時分小名濱繰出夕方著仕同十二日迄同所へ滯陣仕申候

一同十三日未明七本松宿陣繰出追々進行候處小名濱口くし山屯集賊の斥候見付左右の峰に半隊つゝ相進み致攻擊候處討捕等も有之悉く敗走致しそれより荒川と申民家へ賊兵粮場有賊潜居に付是も追拂爰にて左右之兵を圓め本街道を推し磐城平城より十丁位手前にて敵味方大砲打合九番隊は中村口臺場之正面にかゝり右の砲臺は速に乘落し町口にて一緒に兵を引まとめ城下へ進擊候處町口門と申一ノ城門難攻入候付則隊長當先として城屏を越へ門をひらき一同推入二ノ城門との間銃丸雨の如く及苦戰此時隊長手負賊兵も餘多討取三ノ城門打破攻入候處素より

城の上段まては遙に地形高く矢倉より大小砲繁く打卸し中々難防土手之杉林ゟ楯を取及憤擊候得共城中不迫の體益砲發烈しく落城不容易勢形不得止打合居候處追々暮方に相成參謀より兵を引あけ候樣指揮有之去れ共此機會を失候ては迚も落城無覺束終日之軍營無詮是非共可攻破之評議にて兵を引揚不申處各藩の儀も同樣にて攻擊之處夜に入城中四時分致自燒敗走之やうすに付一同打入無之銘々持場相固め居翌未明同勢本丸へ繰入候處落去致し空城に付兵を引揚城下町へ宿陣仕申候

手負深手
隊長
樺山十兵衞

右橫濱大病院におひて死去仕申候

手負深手
戰兵

右同
永田彦兵衛
税所雄之介
手負薄手
戰兵
有馬春齋
右同
東郷勇助
右同
喇叭役
中村九之丞

一三春進擊に付同廿四日磐城平城下繰出中寺と申所へ著陣翌廿五日同所繰出上之坂へ一泊同廿六日曉七ッ時分上之坂宿陣繰出候處新町五六町

計手前より大小砲打合九番隊は右之山手へ繰入攻擊致し候付賊兵逃去候を追つて餘多討取五ッ半時分悉く追拂それより兵を相纒上大越まて兵を推致宿陣翌廿七日未明同所繰出三春へ進擊候處早降伏にて棚倉口よりの官軍も繰入相成居候付當所へ宿陣同廿八日同所九ッ時繰出本營まて差越宿陣仕申候

手負薄手

戰兵

川上清芳

一同廿九日未明本宮宿陣繰出し各隊順々進行候處二本松城より半道計手前の同一賊陣を張斥候を見かけ彼方より大小砲うちかけ其勢甚た烈敷兎角推行候儀難成九番隊は直に左山手に繰入進擊速に追拂夫より半隊つゝ街道と山手に相進み候處城下町口へ關門臺場等構へ待設候間頻に攻擊大小砲打合暫時苦攻に及候處終に散々に致敗走九ッ時分城下迄攻

つけ候處町家等へ致埋伏居候賊諸所より打出るを討伏せ一ノ城戸おし開き城内へ致進入候處早放火致し賊何方へ逃去候も不相分候つき前文之半隊も相まとめ其儘城下町へ宿陣仕申候

但戰死手負無御座候

一會津進擊付八月二十日朝六ッ半時二本松宿陣繰出玉ノ井村と申所へ宿陣の賦候處同所より半道計山ノ井と申所の廣野に賊徒屯集につき九番隊十二番隊追討に被差遣廣野の諸所に賊陣を張候に付致進擊候處大小砲嚴しく打かけ迚も正面難差向十丁位山野の右へ九番隊繰上り橫擊致し賊山之前後より銃玉うちかけ候につき同樣打合嚴しく及砲戰候處討取も多有之終に賊兵引退七ッ半時分には悉く追拂夫より一同に兵をまとめ右山ノ井村在家へ宿陣仕申候

但

戰死
戰兵
伊佐敷金之助
手負深手
右同
吉井七之丞

一同廿一日山ノ井村朝六ッ時繰出し各隊順々進行候處母成峠と申所へ賊臺場を築き屯集につき九番隊は砲臺の正面にかゝり一ノ臺場は速に追ひはらひ夫より十四五丁計先双方の岡手に砲臺を設居候付左岡手の方に相かゝり四ッ半時分より八ッ時比まて大小砲うち合尤官軍惣勢も山野に致充満九番番兵は正面より手しげく小銃打掛追々兵を進め候處左右の臺場八ッ過比乘とり候付兵をまとめ夫より半道計も相進み夜に入り廣野に陣を張り申候

但

手負薄手
戰兵
川上嘉次郎

一同廿二日六ッ半時右之野陣繰出候處六里程有之猪苗代も致自燒賊徒も不相見得候付兵を進候然處當所より二里計の所に湖水より出る急流の川に十六橋と申石橋有之賊共是を落すにおいては城下へ攻入こと難叶第一の要所と承夫形四番隊九番隊兵具隊前後に推ゆき候處案の如く早一二間も落し居候半にて直に致砲發候處賊方よりも同樣にて暫時があいだ打合終に追退漸々橋を越し十丁位兵をすゝめ候處十二三丁程も有之岡へ賊致群集候付少し兵を進め砲發致し彼方よりも同斷既に暮方にも相成候得共益旗等押立防戰の意を示し不引退互に陣を張居候處應援

の兵も追々相續き候付夜入五ッ時分外隊に相代り右橋涯まて兵を引返
宿陣仕申候
但手負等無御座候
一同廿三日六ッ半時同所繰出若松城へ進撃朝四ッ時分各藩同様城下へ攻入大手口二ノ城門迄推よせ候處城中より打卸候砲丸雨の如くにて中々難防家中屋敷屛を楯に取打合候折柄傍家へ火相かゝり焔煙難凌半丁程甲賀町口まて引退き候處二番隊六番隊臺場築立打合候所へ九番隊一緒に相成戰居候處本營方より三日町口通り相かため候樣命令にて彼の方相固め居候處已に鷄鳴過四番隊へ交代隣家へ兵を引揚無程夜明城下町へ宿陣休兵致し夫より隔日當番にて甲賀町口三日町口六日町口不明口天寧寺口其外山手の固場へ各隊繰廻致番兵晝夜盡力及連戰候得共更に落城の期に不至所より三日程大砲惣撃も有之終に九月廿二日賊城降伏

相成松平肥後父子を九番隊左半隊にて瀧澤街道明(妙)國寺迄嚴衛いたし寺内相かため居候土州佐土原隊へ引渡右半隊は甲賀町口へ相固め左半隊之儀も同斷持場へ引取相かため申候

但手負等無御座候

一辰十月朔日二本松口出張形勢に從而仙臺爲應援進軍被　仰付同二日若松城下出陣仕同四日二本松へ著陣同七日まて滯陣仕翌八日當所繰出晝時分福島へ著陣仕申候處白河口總督府より御感賞被下速に凱陣休兵被仰付候付同九日福島引拂歸陣仕申候

右此節戰爭の形行右之通御座候間此段申出候以上

巳二月

九番隊

監軍
竹内堅吉
右同
半隊長之場
肥田喜八郎
右同
分隊長之場
折田啓之介

九番隊四役場屆書

九番隊
兵粮方
付役
安藤猪之助

右源右衞門事伏見戰爭後於京都病氣にて罷下候

宮內源右衞門

右同

旗隊

付役

長谷川助八

右伏見戰爭より會津まて召列候

右同

付役

小川宗一郎

右源右衞門代り被　仰付會津まて召列候尤伏見戰爭之砌は八番隊附役にて相勤申候

町夫

藤助
藤藏
金四郎
喜平次
治左衛門
助太郎
藤次郎

右七人事伏見戰爭より會津まて召列候

右同

甚左衛門
善次郎
與左衛門

右三人事伏見戰爭後病氣にて罷下候

右同
利吉

右同
利平次

永山左内下人
乙吉

右伏見戰爭后於京都別勤被　仰付候

右同戰爭后於京都致病死候

肥田喜八郎下人
伊右衛門

折田怡悅下人
次郎

右奥羽出兵之節京都より會津まて召列候

南郷孫十郎下人
善　太　郎
三原小平太下人
市　太　郎
西壯右衞門下人
藤　右　衞　門
川北孫七郎下人
太　　　郎
樺山十兵衞下人
幸　太　郎
美代甚七郎下人
助　右　衞　門

右六人事伏見戰爭より會津迄召列候

右二人事伏見戰爭后京都より病氣に罷下候
右之通御座候以上

九番隊
四役場

拾番隊戰狀

一戊辰五月五日越後椎屋(谷)之陣屋へ賊徒屯集之由相聞諸道手配之上長州三番隊と同鋪夜十二字に柏崎を進軍にて砂山之間道より押掛る未明より諸道官軍一同に右陣屋へ攻擊之處二時計か間賊徒等必死と防戰候得共終に敗走數町追擊十二字頃より柏崎之樣歸陣致候事

戰死
松元新左衞門

手負
川村榮之助

一同十四日右半隊柏崎より發軍宮本へ致寺陣居候處薬師峠へ賊徒數百人寄來右宮本之樣襲來之勢候旨注進有之長州一小隊申談未明より右峠へ押掛り候處に長州一小隊爲應援駈來り共に相進候處賊勢山中にて出逢ひ則及砲戰候處無程追ひ落し峠下迄追討候處少々相支候得共是亦逃去候に付峠へ引揚候處外城四番隊等駈續追々人數も相加候付長州申談之上二ノ窪賊陣へ本道間道より押よせ攻擊終に敗走致し候付右陣屋放火に相及候然る處石地之方頻に砲聲烈鋪相聞得候付評議之上彼之表へ致進軍候處二番隊等戰ひ烈敷央賊徒相備候砲臺之后山へ漸く取上り橫矢にて一聲に打ちかゝり候處無間敗走一同に追討其夜右石地へ宿陣す
同月十二日左半隊柏崎發軍にて小千谷へ八ツ時分著陣致し候處榎木之峠之防戰難儀に付直樣彼表へ繰出二番遊擊隊へ致交代同鋪防戰す

手負
伊地知休左衞門
右同
平田喜次郎

一同十三日四ッ時分より賊本陣金藏山へ長州三小隊薩二番遊擊隊我一分隊致進擊候處賊陣要所故甚苦戰に相及本之持場へ引揚候事

一同十四日十五日防戰

手負
長野仲之助

一同十六日十七日昨日同斷

手負
若松平八郎

一同十八日未明右半隊卷下に出張千曲川を越し長岡へ進擊之決策に候得

共不得其機敵味方大小砲千曲川之堤上に相備へ終日遠撃ついに日暮に及ひ互に相止め致對陣候事
一同十九日未明二番隊砲隊外城三番四番我右半隊巻下より長州隊には大島より千曲川を打破り直に進撃諸所の賊徒討退け終に長岡城へ相逼り城門を打破り城内へ攻入候處賊不殘盛立峠之方へ敗走其後城中は勿論城外四面兵火頻に燃立過半燒失す其夜當町へ相守居候事
一同廿五日赤坂へ賊徒相見得候段報知有之直樣右半隊を以て押よせ戰爭に相及候處賊徒無程敗走其夜杉澤村へ致止陣候事
一同廿六日右赤坂より長岡ゐ可引揚旨本陣より申來候に付朝五ッ時分見附之宿迄行き掛候處小栗山にて長薩苦戰之段承り右半隊を以て爲應援彼の表へ致進軍候處賊徒山上山下要所に依り三面より頻りにうちかゝり候故外城三番隊等諸所に分隊致攻撃候得共容易に可落勢ひ不相見得甚た及苦戰候付長州一小隊申談右半隊と左の民村之賊に及進撃候處大

面之方へ敗散す夫より山上之賊も追々敗走夜五ッ時分打止め新潟村へ
相守居候事

戰死
丸田助四郎
戰死
山下彌四郎
手負
白石小次郎
戰死
稲留八次

一六月朔日赤坂にて戰争之央見附と赤坂之中腹堀溝へ賊徒忍ひ廻り火の
手を揚候付長州松代我右半隊駈歸り挾撃散々にうち亂し其儘杉澤村へ
相進致防守居候事

戰死
矢田林之丞
夫卒即死
半助
右同手負
正助

一同二日於片桐村に二番遊擊隊等防戰に付應援申來候故我左半隊を以て致急應候事

一同四日今町之官軍頻りに難戰に及ひ終に相破れ候由にて無據下條村へ可引揚旨本陣より得差圖兵隊引揚居候處押切村へ賊襲來信州田之口兵隊外城三番隊苦戰之段報知有之爲應援繰出候處終夜砲戰僅五六町か間追戻し翌日七ツ時まて相戰候得共地形惡敷故我隊筒葉村へ揚兵其外何れも諸所へ引揚防戰に相及候事

手負

白坂吉兵衛

一同六日七日八日右筒葉村に於て砲臺等設け晝夜砲戰

一同九日早天賊散兵にて襲來候得共手強く砲發候處賊近付不得賊陣福井村へ逃歸る

一同十日十一日晝夜防戰

手負

蓑田吉左衛門

一同十二日又々賊襲來候得共我三ヶ所之持臺場より嚴しく砲發候故九日同斷賊逃去る

一同十三日防戰

一同十四日未明より敵味方大小砲烈しく打合候内賊大黑村高田藩持臺場へ襲來既に我持場へも掛らんとするの勢ひ故高田持場へ急援として我

隊忽然と賊之中腹へ突入り無程追散し高田藩持場守返し本之通り相守候事

小隊長戰死
山口鐵之助
半隊長右同
皆吉九平太
戰死戰兵
山田助左衞門
右同
兒玉休五郎
右同
吉田二次郎
右同

龜澤宗八郎
右同
植松喜平太
小頭見習右同
村橋宗之丞
右同
伊東彦兵衞
伊藤善之助
夫卒即死
八太郎
一同十五日より同二十日迄晝夜防戰
一同廿一日五ッ半頃大黑村水門富山藩持臺場へ賊襲來砲聲烈しく極苦戰之段相聞得候付爲救援駈つゝき則戰爭翌日五ッ半頃迄砲戰に相及居候

處長州隊等長岡より馳來り賊終に敗走數町追討賊之臺場福井村へ追返し本之通持場へ引揚候事

小隊長手負
大久保金四郎
半隊長戰死
大重彌早太
戰兵右同
神戸休兵衞
監軍右同
村田長左衞門
戰兵右同
石原金次郎
右同

平瀬友次郎

手負

面高眞七郎

右同

森次郎兵衛

一七月朔日盛立峠より薩長加州松代四藩曉より繰出し未明より進撃一ノ貝諸所之賊徒砲臺等數ヶ所攻拔十二字頃荷比村迄追討栃尾村迄も進撃之賦に候得共日も暮に及ひ地形も悪しく故比禮村へ揚兵相守候事

戰死

長野仲之助

一同二日より同廿三日まて右比禮村山上二ヶ所にて砲臺相設け晝夜致防禦候事

一同廿五日曉より官軍惣進撃の決策にて我隊川邊村へ出兵戰争央賊宮本

より長岡へ忍込諸所に火の手をあけ候付彼表へ急援致候樣報知有之朝六ツ時分より其儘馳せて長岡へ至り忍砲戰に及候處官軍一同に攻擊候處賊勢散々に追散し漸く城中迄追込候得共何分官軍勝利を失ひ迚も不被守所より夜六ツ半過無據關原へ揚陣相守候樣差圖有之之事

半隊長戰死
伊勢齊七

戰兵右同
川村榮之助

右同
伊地知休左衛門

右同
隈崎宗之丞

右同

有川庄兵衛
監軍　手負
若松平八郎
分隊長　右同
橋口權五郎
小頭見習　手負
井上清左衛門
戰兵　右同
塚田十右衛門
右同
羽田宗太郎
右同
和田市五郎

右同病院にて戰死
奥山左八郎
夫卒御雇夫　卽死
武八郎
御國夫　手負
利助
手負
源助
右同
太郎左衛門
中島健彦下人
手負
謙助
高田御雇夫　手負

一同廿六日關原より六日市へ出張直樣防戰
一同廿七日右六日市諸所に分隊晝夜發砲

孫右衛門

手負

永田愛之助

一同廿八日同斷
一同廿九日未明六日市より長松代薩三藩本道は勿論川手山手より十日市之賊へ進擊に及候處直に敗走機會に乘し追討候處賊兼て設置候臺場より所々にて相支候得共悉く打退け終に長岡之城下にかゝらんとするとき諸所より官軍起合一同長岡へ攻擊いたし候處賊城を守る事不能終に敗散す夫より追擊候處福井村之臺場に據り暫時相支候得共官軍一時に押かゝり暮時分追落し其夜我隊下條村へ致休兵候事

戰死

一同八月十四日新發田領山ノ内村より薩長徵兵加州藝州新發田兵發軍入鳥越山上より進擊にて賊砲臺等數所乘取晝頃赤谷迄追討候處賊逃去候故山之内村へ揚兵候事

新納彌五左衞門

小頭手負

河野十左衞門

手負

新納市郎太

一同十五日赤谷より右之兵隊進擊之筈にて我隊山ノ内村より爲應援發軍諸所にて打合會津領新屋村迄追討當所へ宿陣す

一九月二十日羽州山縣(形)表船町へ賊等相見得候由にて上ノ山城下より夜九ツ時二番番兵隊兵具二小隊致發軍船町へ押寄候處賊下り町に引取候由に付直に右下り町に馳せ及砲戰候處賊徒致敗走候付追討寒河江村にて

攻撃終に逃去又々追討日暮におよひ其夜白岩村へ宿陣す
戦死
徳田助左衛門
一同九月廿一日より庄内清川口へ二番砲隊二番遊撃隊二番兵番隊兵具二小隊及ひ我隊にも致進軍候然る處同廿七日庄内降伏に付城地相受取同廿九日開陣にて當日出立新發田表へ引揚候處總督府より一先歸陣被仰渡同十月六日當所發足同十一月二日京著同廿八日前之濱へ著岸致申候右戦争之始末如斯御座候間此段申出候以上
明治二年己巳四月
中島健彦
若松平八郎

十一番隊

手控

一七月五日品川湊より乘船同十日常陸國之内平潟と申所へ著船直に上陸夫より陸行にて奥州之内小名濱と申所へ致著陣申候處近邊臼機と申所へ賊兵百人餘も屯集之由にて同十二日當所九ッ時分繰出臼機十丁計手前より二手に相分れ右半隊は本街道左半隊は濱邊より山野を越進擊右半隊は私領一番隊と砲戰の央へ正面より共に攻擊左半隊は高き山より横合へ相掛り頻に攻擊臼機と沼之内と境之臺場へ乘込候處賊兵散々逃去り候付兵を相圓候處當隊一人も手負戰死無之賊兵之儀は山中にて悉細相分り不申一兩人は戰死見屆申候左候て當夜沼之内へ一泊致し申候

一同月十三日沼ノ内未明繰出岩城平へ進擊之途中半道計手前にて賊之落兵二十人計へ行逢直に砲發に相及候處賊兵六七人討取外は逃去申候夫より中村口臺場へ攻掛り候節床次勇四郎手負當所攻落城下本へ進擊之

處城南の方あかず門閉居候付押破り攻入本丸城涯搦手下より頻に砲戰相及候處暮六ッ時分江川覺兵衞手負且當城之儀は當夜四ッ時分落城相成同月廿三日迄滯陣

一同月廿四日岩城城下出陣同國之内中三坂と申所へ著陣仕申候處笠間領之内仁井町と申所へ賊砲臺を築居候付承居翌廿六日曉七ッ半時分當所繰出隊之斥候として六人位先へ出置候處駒ケ平と申所へ屯集之段隊之斥候より告來候付早速駈足にて馳付正面より頻に進擊に相及候處吉井甚之助致戰死賊は暫時之間に散々逃去り一先仁井町へ兵を引揚兵粮共仕上大越村と申所迄致追打當所へ一泊仕申候

一同月廿七日上大越村出陣奥州三春へ致著陣候處本宮と申所へ土彥藩出兵に付應援として進軍之途中二里計手前より砲聲相聞得候付駈足にて大熊川(阿武)十丁程手前より野路越て駈付候處川越に賊は小松山を楯に取右兩藩と砲戰の央へ横合より砲發相及候所暫時の間に落去り候付致追打

賊にて瀨踏いたし候處殊之外深瀨にて難越御座候付右兩藩へ差仕せ置
二三町位も本街道へ立戻り大熊川を舟にて渡本宮町へ立寄折角兵粮共
仕候間に土藩苦戰之段聞得候付早速繰出町迦より裏路へ廻り田畠へ繰
出し苦戰之場所へ又々横合より進撃十五六町も致追打候處賊兵散々逃
去り候付夫成捨置兵を相圓候處當隊一人も手負戰死無之候本宮へ引揚
當夜致一泊申候

一同月廿九日先鋒前にて本宮未明繰出し二本松街道より進撃いたし候處
城手前十四五町之所へ砲臺を相構へ大砲小銃等打出候場所へ正面より
相掛り半隊位は山野を越して横合より攻擊之兵も御座候半道位も攻追
半半隊位は大手へ半隊位は搦手へと相掛り二時計之間に落城々內へ押
詰兵隊相圓候處當隊手負戰死一人も無之當町へ引揚休兵八月十四日迄
滯陣いたし申候

一八月十五日二本松繰出本宮へ出兵同二十日迄滯陣翌廿一日當所出陣荻

岡にて及砲戰候處直に追散母成峠へ進擊大砲小銃嚴敷放掛候處二時計之間に散々追散當所へ野宿翌廿二日拾六橋迄著翌廿三日未明より同所近邊にて砲戰相及候處田村小太郎戰死夫より追討にて會津若松城へ追詰城中と砲戰之最中西左一郎手負同夜肱岡藤八戰死番兵等にて致攻擊居候處終に降伏仕候出軍より若松城引拂迄凡百十餘日之間に晝夜軍務一統致精勵都合八ヶ度之攻戰其場之人々勇猛之勢等筆舌難申餘情御座候間此段申上候以上

巳二月廿三日

十一番隊

半隊長

大島羽左衛門

拾貳番隊

淀堤幷八幡下戰爭之形行細詳可申上承知仕左に申上候

一去月四日鳥羽筋爲應援九ッ時分十二番隊繰出於東寺晝飯食し七ッ時分下鳥羽へ差越候處合戰最中にて數隊人數相重堤一筋之場に候間當隊は淀堤へ相廻り致横打候樣差引相良治部へ申談田圃あせ路押通り伏見豐後橋邊へ兵隊相控居御香宮へ差越臼手一緒に押出候樣成田正右衛門へ引合候處早速人數繰出豐後橋邊押行候は最早日暮に罷成候然處長藩隊長參彼藩二小隊淀堤入口迄繰出控居候夜入候ても御取掛相成候哉地理不案内之場所殊に闇夜之儀必勝無覺束相考候今晩は此處へ致宿陣未明より取掛候ては何樣可有之哉と及相談候尤此方においても明早朝取掛賦に談合央之處故其通可致及返答候同五日未明臼砲隊幷當隊淀堤押行淀城より十一二町計前まて會桑之兵長藩勢に出會互に及砲發候間當隊散隊にて因州兵通拔長兵と共に敵と大小砲打合候央右淀より會桑之兵

二三十人不意に起立鎗刀を打振突掛り纔三十間計隔る處を小銃を以悉
射伏無間も川向芦藪之中より敵小銃を烈敷打掛向左脇に敵を請及接戰
候長兵手負死人多く有之一旦人數引揚當隊幷大砲隊計にて散々に打合
候節兵士宮内雄藏平田彦五郎樂隊尾上門次郎手負無間も隊長伊集院與
一致戰死候此時大砲一挺は相損一隊は彈藥絶小銃計に相成及苦戰候節
兵士平川助左衞門戰死再長兵人數押立來引續三番遊擊隊幷二番隊私領
五番隊六番隊も追々續來共々無間斷烈敷及砲戰候折兵士田中源藏手負
いたし候無程川向芦原より打掛候砲聲も絶漸々淀城近く攻付候處敵兵
淀小橋を渡引退橋に火を掛燒落し城涯より大小砲打掛候間此方よりも
同樣及砲發候處敵方砲聲も相止候間七ツ過人數相圓引揚候
一同六日當隊之儀は一番遊擊隊爲應援五ツ過淀城内西之方より八幡堤へ
押渡大橋涯村中へ當隊立付居候然處西之方川堤より此方大砲隊小銃隊
砲戰相始敵よりも及砲發右西之方堤には諸隊多く相屯居候間當隊は大

橋前より東之方堤へ押廻し田畠中散隊にて押行人家二三町手前に相成敵小銃少々打掛候付此方よりも致砲發時之聲を揚人家へ火を掛八幡下本道之樣敵を追討東南の方町はつれ迄長兵と共々追行八ツ時分人數相圓夫より橋本之樣押行候處最早戰相果候後にて淀城内へ人數引揚申候右之通り御座候間此段申上候以上

辰二月六日

十二番隊

監軍　川畑彦四郎

伊東隼太

○

十二番隊戰狀

當正月四日鳥羽筋爲應援十一字過當隊人數下鳥羽へ出兵候處賊と砲戰央にて候當堤は一筋之通路其上長藩弊藩數隊攻詰進退不自由之場所にて當隊淀堤へまわり御香宮臼砲隊合併致横撃候樣相良治部へ申談し田圃畦道押通り伏見豊後橋涯へ兵隊相控居御香宮差引成田正右衛門へ掛合候處早速砲隊人數押立來り候尤日既に西に傾候折長藩隊長參り彼隊淀堤出口まて繰出置候處地利不案内の場所殊に闇夜の儀にて如何可致哉と及談判候間明曉天より及進軍候筋申談し致陣列居候翌五日未明長州因州藩當隊幷臼砲隊淀堤へ發軍十五六町押行候處會桑の兩賊長藩と砲戰相始り候に付因州兵隊を走拔撤隊に相開き小銃連發臼砲隊大礮も押立來大小砲烈しく打立進撃候處右堤藪中より賊三十人位不意に起立鎗刀打振り突出纔三十間計隔り候處を小銃連發悉く射斃し候無間も川向芦藪の中より賊烈敷致横撃候に付俄に人數分隊正面と左脇に敵を受け接戰長藩手負死人多一旦人數引揚候故當隊幷臼砲隊計りにて手を碎き攻撃候處其時兵士宮内雄藏

平田彥五郎樂隊尾上門次郎手負間もなく隊長伊集院與市致戰死候此時大砲一門は相損し一門は彈藥打切り小銃計りに相成彌苦戰之砌兵士平川助左衞門戰死長藩兵隊再ひ人數押立來り引續き三番遊擊隊二番隊私領隊五番隊六番隊追々應援銃砲無間斷嚴敷及砲戰候折兵士田中源藏致手負候然處川向芦原より打掛候砲聲稍相止尙進て攻擊淀城近く進軍賊兵敗潰小橋を渡り逃去橋涯まて追討候處橋に火を掛燒落し候に付橋涯より大小砲連發暫時川を隔て及砲戰候處賊散亂引退き應砲も無之候間七ッ半過人數引揚け町內本行寺へ宿陣

一翌六日朝端船を以て淀城へ押渡り城內西の方より八幡堤へ相渡り大橋涯村中へ一隊立付居候然處西の方川堤へ此方大砲隊小銃隊押出八幡本道出口にて賊と砲戰相始り大小砲双方烈敷打合の方堤筋諸隊多く相屯居候當隊には大橋前より東の方堤相廻り田畠中撒兵にて進軍人家二三町相進候處賊小銃少々打掛候に付當手よりも進擊閧を揚く人家へ亂入

賊悉く逃去り諸所藪或は民家へ潜伏いたし居候に付走散放火いたし候
處諸所より逃出候に付追討八幡下本道本南の方町迦れまて長兵倶に進
み行人數相まとめ兵粮つかひ夫より橋本宿迄押行候處最早戰相果候後
にて淀城内へ人數引揚け申候尤兩日の戰爭討取爲手負候者も多く候得
共急劇中取調相調不申候當隊死傷左之通御座候

隊長
戰死
伊集院與一

兵士
右同　平川助左衞門

同
手負　宮内雄藏

同

同　平田彦四郎

同

同　田中源藏

樂隊

同　尾上門次郞

一辰六月十七日奥州關町口より賊徒襲來候に付九面村邊相固候私領一番隊人數と九ッ時分よりたかひに發砲及戰爭當隊爲應援出兵大村佐土原藩も追々人數繰出致攻擊候處八ッ時分賊徒敗逃新町迄の間一里半程致追討七ッ時分各隊引揚申候尤當隊手負等無御座候賊少々討取申候

一同廿四日九面村へ當隊致番兵居候處關田宿陣備前藩より賊方鮫川を渡り植田大島宿に二ヶ所放火戰爭に及候段報知有之爲應援四ッ時分發軍大島迄押行候處植田宿に當り砲擊相聞得候に付川を越し進軍賊徒八幡山に取登り備藩と戰爭央故卽人數押出し直に砲發鬨を揚け山上に押登

り候得は賊散亂山を超へ野にそい民家少々放火新田の方へ敗走人家放
迄追討當隊人數相纒居然處備藩斥候隊新田坂下邊へ差出候を賊兵山上
より致砲發卽是に應し及砲戰備藩より致應援吳候樣申來り早速人數繰
出し半隊は左の峯つたいに山上によぢ登り一町半位相隔り致横擊候半
隊は本道より新田坂下一町半位押詰及砲戰敗兵山上より大小銃嚴敷打
卸し備前藩柳川藩左右山に取登り攻擊半時位も烈敷致接戰候處參謀方
ゟ兵引揚の令有之夕方平潟迄兵引揚け申候尤其節の手負左之通御座候

半隊長

深手　堀　孫　六

横濱於病院死す

兵士

同　碇　山　眞　十　郎

一同廿八日曉天常州平潟より各藩人數發軍植田にて諸隊相揃柳川佐土原

兵隊新田坂の方へ進擊當三小隊幷に大村備前藩小濱より海邊進軍九字泉城攻掛り候處直樣及落城候に付城内へ休兵然處新田坂手前切通邊へ當り砲聲相聞得候に付十字過爲應援當隊繰出し太平山背後に出一町位押詰致砲發候處賊よりも打掛け半隊右山に掛り半隊手前山上後より攻擊佐土原柳川藩正面より進擊賊前後に敵を受散々に敗走峠賊陣乗取少々追討佐土原柳川藩も追々來會當隊人數は又々泉城へ二字過引揚候尤も死傷左之通り御座候

小頭

戰死　竹内伊左衛門

旗手役

深手　岩城源次郎

一同廿九日四字過泉城各藩出軍富岡迄進軍賊兵數百人田畠又は松林に寄

り散隊に相開き當手兵隊も散隊にて進撃小銃發砲候處彼よりも應砲たかいに打合賊大小銃烈敷連發我兵進て田畠小川を渡り攻撃其時味方大礮隊も押來山手の方より嚴敷連發候處賊徒支へ兼終に及敗走小名濱西町入口まて追討町中へ人數相纒候賦五十餘人打捨手負候者も不少候尤當隊手負左之通

兵士

致手詰深手　武井善兵衛

同

薄手　坂本甲太郎

一同日十二字過各隊當町出兵中の作ゝ押行候處賊徒少々殘居及發砲候に付悉く追拂宿中へ進入諸所致探索候處津畑へ火船三艘繋き居賊舟の由所の者申出探砲打掛候得は賊千人餘顯出遁るに無途海中へ飛入候に付小銃連發打捨申候猶潜居の者も難計端船より當隊大村藩本舟へ乘込み

候處賊一人拔刀にて立向ひ候に付打留舟底迄も相改候處器械彈藥兵粮等積込有之候に付兵器類は分捕粮米は宿中の者へ配與いたし候て各藩小名濱へ引揚候右戰之節

兵士

戰死　田中源藏

一七月朔日小名濱七字過各藩人數繰出岩城平へ發軍空地山出口に賊兵少々見張居私領二番隊人數は右出口より西の方田圃中へ散隊に相開き城より三四町計手前まて押詰致砲戰半時餘大小銃打合候處賊長橋を渡り後の山に相廻り候樣子に相見得其上彈藥乏敷罷成候間一先山上に引揚賊襲來り候はゝ可打拂私領二番隊談合の上山手へ人數引纒當隊山上要地に寄り人數分配いたし居候處私領一番隊大村藩も致繰打同樣引揚來候處參謀より惣隊引揚候樣申來り各隊相まとめ小名濱へ人數引揚候右戰の節

兵士

手負　寺師與之助

一同十四日未明走熊村より再ひ平城爲攻當隊人數繰出本街道十二三町計り先山により賊假砲臺を設け致固守候段相聞後に廻り挾擊可致右山手細道相廻り候處案内道を取違へ十五六町計り行過候に付探道押行候處遙に砲聲相聞得候に付俄に方向を替へ道なき山峰を踰へ高久村へ出敵情伺候處山上に砲臺築立賊百人位と番兵一番隊戰爭央にて臺場横合に出小銃連發終に臺場に押登責入候處賊敗走中山村の方に逃去り番兵一小隊も追々駈來り夫より兩隊合併二三町計押行候處又々中山村林木中に潜伏砲擊候に付兩隊進て攻擊賊忽散亂致し候に付追拂平城の樣進軍市中へ突入り無難搦手城下迄攻詰終日致砲鬪候然處黄昏參謀より各隊引揚の令有之候得共引揚候機會に無之私領一番隊二番隊申談し十一字過まて無間斷小銃攻擊候處十二字過賊の砲聲相絕へ本城幷諸所矢倉火

の手相見得候に付猶小銃打掛候得共城より應砲無之各隊打止候
一當大礮隊之儀は同所より四字過本街道出軍谷川瀬村へ押出し候所賊町
口砲臺より發砲いたし候に付左の山へ砲車繰出砲擊最中二番隊九番隊
右山手相廻り横合より烈敷攻擊無程賊の砲擊相絶候間直に大砲町口へ
押入候處不能支事城内へ引退き候に付城門前迄押詰大砲一門は搦手へ
相掛り當小銃隊一列に相成野砲小銃を以て攻擊候處車臺相損し不得止
砲車引揚小銃を以て打合候一門は大手門へ相廻り致砲戰各隊追々繰込
み倶に攻擊候處彈藥打切一旦當町迄引揚け兵粮つかひ居候處西手の方
城門涯致苦戰に付應援候樣申來り二門の大砲四役場へ預置小銃を以て
右城門へ相掛り諸隊一緒に致砲擊候處暮時分參謀より惣て攻口引取候
樣差圖有之當町へ人數引揚候尤右戰之節手負左之通御座候

兵士

戰死　　種子島吉兵衛

中原喜十郎下人

小　　助

一同廿六日六ッ時分中山坂出兵仁井町手前四町計押行候處賊當町入口左脇山に砲臺を構へ頻に大小銃打掛十一番隊人數押出し小銃を以て打合候に付當隊右脇より田畦直横に押通り散隊に相開き山手の方より相掛致横擊砲臺近く攻詰候處賊臺場を捨て逃れ去候に付町出放追討仁井町へ人家引揚九ッ過廣瀬街道進擊大越村へ致宿陣候

一同廿七日未明上大越村各隊發軍三春城下へ押入候處棚倉より進軍薩長土の各隊致進入居同所へ致宿陣候

一同廿八日二本松領本宮へ賊徒相見得土州藩出勢候に付十一番隊當隊爲應援五ッ時分三春城下繰出八ッ時分本宮へ進軍の處會津街道一里半位の所にて土州藩致苦戰候に付致應援吳候樣申來十一番隊當隊早速人數繰出田畠中より賊の横合に出攻擊賊敗走十四五町致追討暮前砲隊引揚

申候尤當手死傷無御座候

一同廿九日二本松爲攻擊六ッ過本宮出軍正法寺へ賊徒大砲相備斥候隊と戰爭相始候十一番隊正面より進擊候に付當隊右脇山を踰へ横合より小銃打掛候處賊敗走致遁逃候に付大檀町人家中へ進入賊關門と櫻谷松山の中より大小銃嚴敷發砲當隊宿中左右畠中へ半隊つゝ分配撒開致し攻擊無程大砲隊も續き來り大小砲絶間なく連發賊暫は相支候得共終に致敗走候に付追討城下町押通り大手門より城内へ亂入殘賊少々打取然處本城諸所火相掛候に付城下町へ人數引揚致宿陣候

一當大砲隊町口關門より八町位手前迄押行候處正法寺村山手より大小砲打掛候に付則礮車押出し四五發致連發候處賊敗遁關門内へ引入致防戰凡三町計隔り三番兵隊倶々致繰打頻に及連發候折左右山より兵隊進擊候に付礮車街道の儘押立大手口より諸隊一所に城内へ乘入候處賊落去候故人數城下へ引揚候尤死傷左之通り御座候

兵士

戰死　川上助十郎

同　同　井上吉左衛門

深手　同　榎元新助

一八月十七日二本松城町家出口彥根藩番兵先へ賊徒襲來り挑戰之趣相聞長州土州藩出兵當隊も爲應援人數繰出二本松出放迄進軍候處彥根藩賊を打拂八丁目の方へ致追討候然處街道筋左の方一丁計り隔り鹽澤村に賊徒百人餘相見得候に付當隊幷長州土州倶々暫く進擊賊忽ち敗走山手細道十丁位追討人數引揚候尤仙賊兩人生捕討取少々御座候得共人數相分り不申候

一同二十日五時二本松城下各藩發軍玉ノ井へ九ッ過著陣山入峠七八丁手

前村山後に賊五六百屯集長藩進軍及砲戰九番隊幷當隊救應可致承り七ツ時分山入村出口迄人數繰出候處長州幷九番隊攻擊央故直樣右邑左の方細道より賊の背後に出攻擊賊前後より被打立忽崩立峠を越し逃去峠七八丁追討然處日西に傾き候に付人數引揚山入村へ宿陣尤當隊手負左之通御座候

兵士
深手　佐々木清藏

一同廿一日五字諸隊出兵石筵に暫休兵夫より十丁計進軍候處高原の下に長さ二丁餘の砲臺築立賊致砲發候に付各隊一同及攻擊候處臺場を捨引退き十丁位先に左右に砲臺設け居續て是に相掛り一面廣野見得渡候地形故諸隊散隊に開き大小砲諸所より連發進擊賊共暫は嚴敷防戰候得共終に三ヶ所共敗潰臺場乘取陣屋燒捨猶進擊自是先十二三丁午鳴（母成）峠絕頂に關門相立堅固に築立候臺場にも賊兵足を留め兼其儘遁走同所に攻入

候處及黄昏諸隊峠に致野陣候翌廿二日未明諸隊一同發軍猪苗代へ討入候處賊城を自燒遁走に候に付市中へ宿陣同廿三日曉總軍發軍會津城下迄無難攻入り各隊致惣攻候得共城中必死に防戰終日終夜致攻擊候翌廿四日城下士小路不殘燒拂外堀内に各藩迎陣を取連戰いたし候

一同廿四日七ッ半過五番隊相固め候天寧寺口へ賊徒打出砲戰有之爲救應當隊繰出候處賊敗亂後に付自是四丁計先湯本街道佐土原番兵固場手薄に付同所へ合併致番兵候翌廿五日未明賊一小隊位湯元筋間道より寄來り佐土原當隊人數街道筋より畠中へ撒隊に開き及砲戰兩隊進て攻擊湯元道横切城後の方へ敗走二三丁追討四ッ過人數引揚申候打取賊不相分尤死傷御座なく候

一同廿六日天寧寺山爲應援八ッ後出兵致候處山の半腹に賊一小隊計り相見得佐土原藩山上に攻登り致砲戰候に付當隊應援少々發砲兩隊入交り山絶頭まて進擊賊を悉く山より追落し賊三人討取暮過肥前藩にも爲應

援來會絕頭守兵相讓り佐土原當隊山の半腹に終夜番兵致し翌朝一番隊に交代人數引揚

一九月五日日光街道より進擊相成候肥前黒羽宇都宮建（館）林兵隊人數城内後北町邊にて致苦戰候段相聞爲應援當隊繰出し八ッ半過北町一丁位進軍の處賊町内より少々及砲發に付暫攻擊追拂町内へ致進入候處追々四藩兵隊も集來候に付當隊には日入前宿陣に引揚申候

右は當正月伏見其外奥州會津迄之間諸所戰爭の節格別戰功之者有之候はゝ其段可申出旨承知致し當隊之儀は衆列致戰爭死傷左之通りにて別段申上候廉見得不仕候此段申上候以上

但戰爭之節時々御屆申上候進軍中控等も不行屆取覺候形行御座候

十二番隊

隊長

志岐正十郎

監軍

川畑彦四郎

伊東隼太

慶應出軍戰狀

本府　三

賊徒征討攻撃之形勢左に申上候

坂兵上伏狼狽の趣に付一番大砲隊半隊下伏可致巡邏鎮靜旨奉　命舊冬十二月晦日指引中原猶介半隊長飯牟禮喜之助分隊長讃良清藏小頭入江直次郎八木新兵衛汾陽直次郎組合戰兵其外玉藥方普請方都合三十三人下伏御香宮へ致著陣巡邏警衛いたし候處去月二日夜五ッ時分德川氏步兵隊幷會兵其外上伏奉行所等へ屯集同三日晝時分迄屢應接の趣等も有之尤今朝より要地見定の砲車相備置然る處七ッ半時分にも候哉鳥羽表に相當り砲聲遙に相聞へ候處奉行所屯集の賊徒等私共固め口一町位前の柵門押開き數百人突出し既に我兵を討んの勢ひを見受け以前より備置し大砲連發且敵合に依りては小銃を以て十分狙擊いたし候處賊等大に辟易し柵内へ引退き楯を築き大小砲寸隙もなく致發銃故指引は勿論半隊長分隊長小頭伍長等の面々一同死力を盡し憤戰致し候處戰兵大山源右衛門銃丸に當り戰死半隊長飯牟禮喜之介小頭汾陽直次郎等充分相働手負其餘戰兵伊地知彌兵

衞益滿新七郎等も同斷手負然る處敵の火藥車へ味方の砲彈相貫き一時破裂し賊軍是か爲に大に動搖し味方の兵士は益機を得尙致發砲候處賊營の砲聲稍相弛み候へとも私共隊掛口は第一の要所と相見得些共引色無之折柄味方の諸隊も賊營の後より嚴敷亂發いたし夜半時分にも候哉終に攻入火を掛候處營中一時に燃上り賊等不殘敗走いたし候此日の戰私共隊持口は纔の人數にて賊徒數百人と致砲戰更に兵粮を遣候寸隙も無之一同苦戰仕候右戰相果候跡にて敵營相改候處二十騎餘は死骸相見得候へとも何分夜中と云ひ燃火最中にて委細は相分不申候尤前文之事にて賊徒等砲器打捨逃去候付大砲二挺右へ相添候火藥車二輪分捕いたし候味方の砲車も多時の戰に過半相損翌四日五時分迄に彼是取替隨分用意相調尤今未明より鳥羽表の砲聲壯に相聞得彼表へも昨三日奉　命小隊長平吉左衞門分隊長川上四郎小頭石神万右衞門大迫新次郎岩元平八郎大河平武輔組合戰兵其外普請方兵粮方醫師等都合三十六人出張の事故伏見より竹田の邊路を押

切り下鳥羽へ出兵いたし候處諸所に於て賊徒を追撃し小隊長平吉左衛門人數相圓め指揮いたし控罷在候付昨日より戰鬪の形行承候處會桑其外歩兵等數百人鳥羽表へ押來候付再度應接も有之候處七半時分にも候哉押て入京の段相答踏通んとする勢ひ故小枝村道筋は勿論城南宮鳥居の前田地の中へも前以より砲車押出し置候付不得已備置し大砲連發小銃隊も左右より致亂發候處微塵に賊を討崩し且討取大砲火藥車等分捕追撃いたし候得共何分敵は大勢味方は纔の事故要地を去るへからすと評議一決し本の所へ以前の通り相備へ此夜賊徒間々襲來り候得共左迄の事も無之分捕大砲等打出し遠矢の迫合にて未明相及然る處備先へ又々敵勢寄來り候付大砲連發小銃隊も左右より發射いたし候處此度も昨夜同樣輙く打挫き相應賊を打亡桑名藩大砲方の者山崎孝一郎一人は召捕へ後陣へ送つかはし且砲車火藥等數多分捕尚諸所進撃いたし尤此所へも楯を築き別て烈敷防戰にて只今敵を追崩し勿論昨夜よりの戰に戰兵松元直之丞坂元彥兵衛川上

孫七集成館人足の喜兵衛等手負讃良清藏下人太郎事火傷即死の段承得尤昨日より只今迄諸所の戰に一同苦戰死力を竭し相働候形相見得罷在候此所にて一隊に相成横大路村より富ノ森村の諸所へ楯を築き賊徒屢防戰いたし候得とも始終追崩し且打取納所近く進擊いたし候處既に暮天に及ひ味方の諸隊と共に人數引揚此夜は横大路村へ營陣いたし指引中原猶介隊長平吉左衛門其外尙無怠惰護營せしめ同五日二番大砲隊新手に付先鋒へ相進み私共隊中は過日より諸所數度の戰に相勞れ後陣より押行候處富ノ森村迦れへ砲臺相築き敵の防射嚴敷先陣別ゐ難戰の旨相聞得不厭戰勞直樣敵合近く衆と共に砲車押掛頻に致發砲心の儘に打挫き敵終に砲臺を打捨逃去納所町入口へも楯を取り防戰いたし候へとも是以無透間齊進追擊して淀の橋涯に押出し候處賊徒橋に火を掛川向へ大小砲押出し互に砲戰此時戰兵柴山彌八銃丸に當り手負味方の諸隊も諸方より同所へ駈付一時に苦戰味方の砲彈烈敷賊徒にも別ゐ難戰の體相見得淀の町家火燃上り候

處此所へもたまり兼八幡橋本の方へ敗走の形に候へとも淀橋落候故追討も不相叶人數等相まとめ連日の戰に砲器等相損且困勞不少候付當日夕方伏見御香宮へ人數引揚卽より砲車の破損等修覆旁の事も有之一往歸營いたし尙又修覆等差急き申候事

今度賊徒征討攻擊之次第者右通之事にて指引中原猶介小隊長半隊長分隊萬端指揮行届且又小頭伍長戰兵等一同死力を盡し相働尤大砲隊之儀者銘々小銃を携且砲車彈藥迄も自身致運轉勿論連日於諸所數度苦戰いたし其場之働等衆人之所知にて實に無比類次第に御座候以上

辰二月

一番大砲隊

監軍

奈良原長左衛門

右同

兒玉四郎太

一番大砲隊戰狀

一一番砲隊之儀は伏見鳥羽戰爭後大砲修覆等相濟辰正月十七日右半隊伏見出立兵庫警衛として出張滯陣之央姫路城攻擊として出軍いたし候處最早開城相成居候付夫形兵庫へ曳揚警衛いたし居候然處辰二月朔日左半隊と交代右半隊は京都へ曳揚居候處關東征伐被仰渡辰二月十一日一番砲隊之右半隊幷一番二番三番隊等京都出軍東海道押行辰三月品川驛へ著陣夫より高輪御屋敷幷增上寺且姫路屋敷等へ轉陣尤右諸所宿陣中江城受取且步兵隊銃器受取等之砌度々繰出候得共其節迄者戰爭に相及ひ候儀者無之候

一左半隊之儀者兵庫滯陣中關東應援海軍手にて辰三月十六日一番遊擊隊

同船豊瑞丸より同所出帆同廿三日横濱へ著船同廿七日同所出發品川驛へ繰込夫より高輪御屋敷又者越前屋敷等へ轉陣いたし候右之間德川所持之軍艦受取相成富士艦之儀者薩摩へ御預之趣に付直に惣人數乘込一番遊擊隊にも同樣互に交代等にて乘付いたし居候然處其後中軍へ名目被相替其砌越前屋敷へ宿陣中上總國姉ヶ崎邊へ江戶脫走等之賊徒蜂起いたし候付閏四月四日同所出發海道より相廻り檢見川へ上陸追々進軍いたし八幡迄押行候處同七日未明同所町迎れ味方番兵所へ賊徒より小銃打掛夫より戰爭相初り互に銃砲打合候右半隊も陸地より進軍にて於同所相會し候處追々賊徒敗走追擊にて相應打取等も有之姉ヶ崎迄進軍いたし候賊徒方々へ散逃し日も早斜に至り候付同所へ致一泊候此の日戰に手負分隊長川上四郎次小頭入江直次郎斥候黑田平左衛門手負後に死す戰兵益滿新七郎夫卒權太にて候翌日木更津迄押行候得共最早賊一人も不相見得候付同十日江戶へ曳揚相成候其後東海道先鋒へ合併被　仰付候

間姫路屋敷へ轉陣右半隊と一緒に相成滯陣いたし居候處辰五月十五日上野山内之賊徒追討被仰渡候付同日未明より大下馬へ相揃夫より一番三番一番遊擊隊御兵具隊等行軍にて湯島大神社内へ賊潜伏之由に付右へ差向ひ候得共賊徒一人も不相見直に斥候隊山内へ差向ひ候得共賊徒より小銃打掛戰相初り候間右半隊は御徒町通り左半隊は黑門通り廣小路へ押掛り砲發いたし候賊徒者山内樹木且砲臺を築居楯として大小砲發烈敷互に無透間銃砲打合一回奮戰四字頃迄者粮を用るにも無暇然處追々賊徒之砲聲も稍薄く相成候間黑門左右より追々付込み狙擊いたし討收等餘多有之終に大小砲且彈藥等打捨賊徒散々に敗走夫より山内之巢穴放火し七ッ半過にも候哉惣ゟ姫路屋敷へ曳揚候尤此日の戰に戰死戰兵隈元太一左衞門手負伍長岩城彥四郎戰兵園田新左衞門同深柄彥五郎同津留八之進同松元直之丞同西田藤助喇叭役肝付彌四郎夫卒盛吉にて候

一二番砲車之儀野州在陣之官兵應援として可致出兵との事にて閏四月廿三日江戸出立廿八日野州芦野へ著陣彼表人數と會軍辰五月朔日奥州白川攻撃にて早天本道より相掛候處賊徒町口關門之此方要地へ砲臺相築き致砲發候付此方よりも致發砲暫時は烈敷砲戰にて一同驅進いたし候處終に賊等敗走別而快戰にて相應之打取共有之右戰に戰死玉薬役廣瀬喜兵衛手負戰兵龜澤源右衛門同淵邊八郎次同勝部謙助斥候役桂宗右衛門監軍奈良原長左衛門同人下人助次郎にて候其後白川へ在陣いたし居候處同廿六日廿七日より以後に至り度々賊徒等襲來候得共毎度勝利にて候然處二番砲隊少人數に付右之隊へ被召加棚倉幷二本松等へ出張いたし候尤攻撃戰爭之形行は二番砲隊より可申出儀と存候

一辰五月廿九日江戸出發同六月六日奥州白川へ著陣同十二日未明より會仙二本松棚倉等の賊徒八方より襲來いたし一番砲隊之儀者初より石川街道固め場受持にて致番兵居候處右同刻賊徒四方より押來致發砲候付

大砲之儀者本道へ押防戰一番遊擊隊も同樣狙擊四番隊御兵具隊者左右へ相開き狙擊銃砲烈敷打立候處終に賊軍敗走追討候處諸所へ逃散り候付八ッ時分惣勢曳揚相成其後屢諸堅場へ襲來いたし候節は應援等いたし每戰同樣勝利にて候同八月十五日白川發軍同十七日二本松へ著陣平潟筋より進軍の官軍等都而會軍相成於同所會津若松城攻擊の軍議相決し同廿日同所出發二本松領玉ノ井村へ一泊同廿一日未明出立吠鳴(母成)峠手前石莚村にて諸隊一緒に相揃諸所へ手配直樣押行候處廣野小高所へ賊砲臺を築居大小砲を打出し防戰いたし候付此方よりも大小砲を手繁く放發候處終に砲臺を打捨逃去候間諸隊乘込み候然處又々十丁餘之先高岳へ砲臺諸所築居是以大小砲を眼下に放射し防戰甚敷候付此方一二三番の砲隊諸所へ布幷へ砲發暫時之間は實に嚴敷砲戰に候處終に爰にもいたまらす敗走直に砲臺乘取又々峠關門涯迄押行候處分て嚴重之砲臺築居候得共以前兩度之激戰に恐怖いたし候哉砲臺者勿論大砲彈藥等都

而打捨夫形逃去賊一人も不相見得候付其夜は同所へ野陣いたし候然處翌朝迄兵粮不繼來夫卒等に至迄一同大に致困窮苦情不少夫故大砲幷彈藥等の運送も出來兼無致方慰勞として金子抔相與へ漸く引進め八字頃より同所打立一里餘之先人家迄進軍いたし彼所に於て牛馬之肉等を以て食とし夫より猪苗代迄進軍同所へ一泊翌日廿三日曉同所出發四ッ時分若松城へ押寄候處賊城中へ楯籠固守して防戰す依て砲隊之儀者大手口より押掛一二三之砲隊一道より互に先きを爭進こと有て退くことなく多日の積憤是を限と勇み進て押立々々烈敷砲發終に城涯迄攻寄激戰し味方の砲聲無絕間打立候處是に辟易いたし候半歟暫時者賊之砲聲も相弛み候然共何分城壁一時に難崩破且賊兵者城之強壁を楯とし味方は平面矢玉を防く便も無之此形りにては味方死傷も不少害有て利少く候付一先つ少し引退き地理に依て攻撃せんと夫より手配を替へ一番砲隊者西之丸之方へ引直り俄に疊等を以小楯を築き發砲し烈敷銃砲打合候

此日の戰に手負戰兵竹内正助手負後に死す小頭汾陽尚次郎伍長肥後平八戰兵梅北伊八郎にて候翌廿四日迄晝夜激戰いたし候得共城中痿む色不相見候付俄に軍議を決し其日之夕方郭内都而致放火外郭之關門ごとを堅め遠巻いたし候一番砲隊之儀者大手口相固め晝夜を不別互に砲發同廿六日には賊城より烈敷砲發此方よりも夫に應し砲發いたし候此戰に戰死戰兵西田藤之助手負同山口彦八手負後に死す戰兵東郷巳之助にて候翌廿七日同樣之戰爭に手負戰兵諏訪次郎右衛門手負後に死す然處城東之方へ小高き岡有之城攻に至て地理宜敷候付同日晝過大手口は三番砲隊へ次渡し直に右岡上へ大砲五門押登せ則より砲發いたし候處賊城よりも是に應し發砲し夫より同所を受持にて相固め銃隊之儀も日々交代にて番兵有之候翌廿八日同樣互に砲發此日手負半隊長川上四郎次手負後に死す夫より九月廿一日迄之間晝夜分ちなく互に銃砲打合候右之間越後路より進官軍會津領只見川と云ふ所迄押來候得共賊徒之爲に被支居候段相聞得候付九月

六日四ッ時分一番砲隊之内二砲車幷二番五番隊等其外各藩より右賊追拂方として進軍只見川迄之間追々賊徒打拂差而之戰も無之悉く散亂いたし候付直に右川を押渡り越後路官軍と打合其夜は同所へ一泊翌七日又々若松城下へ曳取候殊に同十五日十六日には諸方堅場より大砲を以惣攻之軍議に付右兩日之間別而手繁く發砲し大砲五門之内一日に一門より百發位づゝ放射いたし一同嚴敷攻立候然共城中動靜之程も不相分候付晝夜無間斷發砲いたし居候處終に同廿二日降伏相成城幷兵器等都而差出候付同廿四日同所曳拂候

明治二年巳四月

一番大砲隊

○

正月四日晝四ッ時分より二分隊御屋敷繰出し九ッ時分著兵いたし候處

早戰相止暫時引揚に相成居候得共又々一番遊擊隊幷に一番砲隊と組合にて合戰相始賊左右よりも打掛烈戰之央に長兵も相混し終に鳥（宮）之森手前迄追討いたし右場所にて一時位も相戰候處時刻も七ッ時分相成り其邊の人家江火を掛横大地村まて引揚候處賊兵聲にて追掛け候に付大砲二三發打掛候處賊相退候に付當夜右村江宿陣いたし堅固に相備居候處賊相見得不申候

一同五日朝六ッ半時分より三番小隊二番砲隊三分隊繰出し鳥之森にて合戰相初め賊は陸臺場相築居夫より大小銃打掛西之方竹藪よりは横合に烈しく打掛け其間に賊兩三人手招いたし味方之方江參り掛候に付伊東强右衛門小銃にて一人射留候處跡人數は引退候に付彌々押掛打掛候處砲車堤より落ち早速外之砲車江取付打方いたし候央川上萬助手を負候得共少しも不屈相働き打掛々々相進候處大小銃共至極之接戰に及ひ其折賊兵兩三人拔刀にて驅込小銃隊之內一人と相戰ひ居候處に川上萬助

飛込鎗にて突掛候處突伏せ前後拔群之働にて其間に伊東强右衛門大場
軍輔には戰死仕候大小砲臼砲等嚴しく打掛積時之烈戰にて賊兵引退き
追打にて一之臺場打敗候處又外之臺場より打掛候得共譯なく相敗其勢
ひに乘し淀小橋まて追落し右場所にて暫時烈戰に及ひ其節中島彌次郎
戰死四本佐平次には深手に逢ひ佐平次久永龍助には鳥之森より淀迄之
間所々十分之働仕候
一同六日四ッ時分より殘之一分隊幕會桑宮津之賊兵と八幡下に於て烈戰
に及ひ候處終に七ッ時分賊兵退去いたし候
右之通御座候以上
辰二月
二番砲隊
監軍
三原玄甫

○

仁禮源五右衛門

一正月四日朝六ッ時分より伏見阿波橋にて歩兵と相戰ひ味方之人數二番隊三番遊擊隊にて四ッ半時比敵追崩候其節手負川田作左衛門川田武兵衛鎌田甚之丞

右一番分隊

一同日晝八ッ時分より三番四番之分隊鳥羽街道にて打合戰死川田與十左衛門

一同五日朝六ッ時分より鳥羽街道會兵相守候臺場に相掛り三番五番六番第一大砲隊にて接戰之處打破り川上萬助敵の臺場より切出候者を鎗にて突留斥候と相見得候敵兵を一人伊東强右衛門射留一人は税所新次郎鎗にて突候處を河野宗八脇より小銃にて射留夫より淀小橋にて相支候

に付是以て打破候手負戰死左之通

分隊長
伊東强右衞門
右同
中島彌次郎
小頭
大場軍輔
戰兵
四本佐平次
右戰死
神宮司仙之介
戰兵
川上萬助

畠山孫左衛門
鎌田甚之丞
右手負

一同六日朝四ッ半時分より一番三番四番九番之小隊と三番分隊八幡下にて幕歩兵會津宮津之兵と相戰ひ七ッ時分敵追崩候
右之通御座候以上

二番砲隊
監軍
三原玄輔
仁禮源五右衛門

二番大礮隊戰爭之大略

二月十二日東征として左半礮隊京都を發軍東山道を通行して三月十二日板橋宿に著す四月十七日迄滯陣十八日より二砲車五番隊同行にて板橋を出起して上野之方ニ向ふ同廿一日一砲車又板橋を發す六番隊と同行也同廿日二砲車五番隊と同しく下總國於岩井宿脱走兵と戰爭す此日戰兵河野宗八幷町夫一人死す又一砲車は六番隊と同しく同廿三日宇都宮にて脱走兵幷會人と戰爭す死傷無之閏四月廿四日迄宇都宮に滯陣同廿五日出起奥州方ニ進む五月朔日二番隊四番隊五番隊と同しく白川にて戰爭す此日戰死半隊長小野藤吉傷戰兵伊東權兵衛猿渡喜左衛門佐土原八郎有川二平太有馬彥七四本十左衛門町夫熊四郎等也又白川にては五月廿六七日に兩三度賊襲來して雖及戰爭戰死傷無之六月廿三日迄白川に滯陣す同廿四日金山幷棚倉爲進擊白川を出軍す此日賊は僅に戰ひ棚倉城を自燒して散亂す死傷無之七月廿三日迄棚倉に滯陣同廿四日棚倉を發して三春ニ向ふ三春は不戰して及降伏同廿八日三春を發して二本松ニ向ふ翌廿九日二本松攻

擊暫時に及落城此日戰死分隊長有川藤七郎傷宮里仲庵也八月廿日迄二本松滯陣同廿一日出起會津之方ニ向ふ廿二日ぼなり峠を起て猪苗代に出て同廿三日會津若松城を攻擊す會津にて手負竹之内惣七新納宗右衛門谷村孫七なり九月廿日父子降伏依て翌廿一日若松出起白川より東京東海道を經て浪花より洋船にて十一月廿二日前之濱ニ著す

右爲御届如此御座候以上

巳四月

二番礮隊

二番砲隊戰狀

閏四月廿七日賊鯨浪へ屯集す長州一小隊砲二門高田一小隊砲一門加州一小隊砲一門御國より四番小銃隊二番砲隊三門十二字比より於鯨浪相戰四時比に敵引退候故靑海川迄引揚候

一同廿八日二字比下敷村迄繰込
一同廿九日十二字比敵押寄候段布告有之候得共斥候之兵にして直に逃去候付追撃して柏崎迄繰込
一五月六日賊椎谷へ屯集す未明より十番隊四番隊長州高田之兵隊と共に進撃宮川より椎谷迄に戰ひ十字比に賊逃去候付柏崎迄引揚候
一同十四日四番半隊高田一小隊半弁二番砲隊三門宮川より勝見へ進撃二字比より相戰一ノ臺場落し六字比に石地迄追撃す此時久永龍助鎌田織平手負
一同十六日三番隊并二番砲隊三門加州一小隊砲三門にて於大島戰ひ六字比に關原迄引揚
一同十八日萩野村へ臺場築き川を隔てゝ終日相戰
一同十九日未明より砲發相戰長岡落城に付同所へ繰込
一同廿六日一番砲車一門小栗山村へ繰込翌廿七日より臺場を築き相戰同

廿八日より廿九日迄夜以日に繼き相戰其時飯牟禮猪之助手負廿九日夜白金村迄引揚於同所戰ふ事三晝夜にして六月二日下條村へ引揚同四日筒場村へ臺場を築き戰守る事五十四日同十四日久保甚兵衛伊地知新四郎手負
一同廿九日二番三番之砲車二門與板へ繰込稻荷山へ居へ戰守る事五日
一六月四日二砲門共中島へ臺場を築き川を隔て晝夜相戰同十一日野村千左衛門手負日を積んて戰守る事五十餘日
一七月廿四日與板之二砲門は長岡へ繰込同廿五日曉より十二潟へ繰出して終日相戰夜に入て牧下へ引揚其日牧野吉之丞戰死小牟田直五郎手負竹内直太郎には於長岡手負
一同廿五日筒場へ繰出候一番之砲車一門宮下村之臺場破れ賊長岡迄繰込候付爲應援長岡相戰ふ事終日夜に入て牧下へ引揚
一同廿六日夜右之砲一門大島へ繰出守戰ふ

一同廿八日二番砲車一門上牧下簗き戰ふ
一同廿九日三砲門共再ひ長岡へ渡り筒場へ繰込
一八月二日番兵二番外城二番松代之砲一門小銃一小隊長州一小隊二番砲隊三門二字比より月岡へ繰込同字より米澤之兵と五十嵐川を隔てゝ戰ふ事夜に及ふ
一同四日十二字比繰出柳澤へ賊屯集して爰に戰ふ事四字位に及ふ其時相良正右衛門與倉作左衛門手負夫より進撃して福島之臺場に掛り再戰ふて未明に及て賊逃去る
一九月廿日羽州寒川(河)江村に賊落行候付十番隊番兵二番隊兵具二番三番隊追討砲隊は最上川に隙を得て戰間に不逢夫より賊再白岩へ屯集す右之小銃隊追撃す砲隊も共々追ふて戰地に出候得共高險に依り砲發す故に砲を居るに地になく五字比に戰止如斯居るに地なしといへとも地を撰ひ居んとするの時に至て久永龍助戰死久保源藏近藤直記手負

右之通戰爭之大略にて御座候間此段申上候以上

辰十月八日

二番砲隊

監軍

仁禮源五右衛門

二番砲隊砲護兵

臼砲打手被　仰付八月廿三日御國許出立越新潟ゟ著船致し候處參謀黒田了助より二番砲隊砲護兵可相勤旨致承知卽より入隊然處九月二十日未明より羽州佐賀（寒河）江郡米澤村に於て庄內賊と戰爭日暮迄曳揚に相成候其節戰兵近藤直記手負致し候此段御届申上候已上

（明治二年）二月五日

二番砲隊砲護兵

右九月廿八日庄内領米澤郡にて手負

二月五日

差引

星山謙助

近藤直記

二番砲隊砲護兵

差引

星山謙助

三番砲隊届書

於諸所戰鬪之形行申上候樣承知仕大略左之通御座候

一於東京奥州岩城平江海路より致進軍候樣被仰渡去年七月五日品海より

三邦丸へ九番隊拾一番隊番兵一番隊等乘組出船同十日奥州平潟ゐ致著岸申候處小名濱と申所へ十二番隊幷私領一番隊二番隊等滯陣尤諸藩にも同様滯陣段承申候付同日直様小名濱之様繰出賊兵諸所ゐ相見得申候付番兵等致し夫より空地山口薄磯口湯長屋（谷）口三方ゐ軍配相成湯長谷口は諸藩より平城横合ゐ三番砲隊右半座は空地山口平城正面ゐ左半座は薄磯口平城横合ゐ小銃隊にも同様同十二日十二字比右半座は小名濱出軍七本松迄小銃隊にも同様進軍賊兵近方へ相見得候に付番兵等致し左半座は薄磯沼之内まて進軍一泊曉五字比同所繰出八字比平城ゐ押寄申候右半座は曉五字過七本松繰出一里位之所山上諸所へ屯集之賊徒悉く掃撃八字比平城ゐ押よせ各藩も同様然處賊徒臺場幷城内より致防戰候につき右半座幷二十拇臼砲一挺携臼砲一挺と大村藩より大砲一挺にて嚴しく致攻撃折柄左半座は臺場東より横打致し候處散々逃去直に臺場乘取城内輪ゐ攻よせ左半座と合隊し四方へ分配小銃隊にも同様攻撃之

處大手口暫時は餘程接戰四斤半砲二挺と大村藩等より大砲三挺都合五挺にて操替くりかえ城門ニ打掛居然處夕六字前御使番より兵隊先引揚候樣御達有之候得共此場可引揚機會無之と各藩申合彌烈しく及砲擊候處七字比より城中砲聲も漸々絶々に相成當夜十二字比自燒直に城內ニ乘り入申候處最早賊一人も不相見得及落城申候夫より諸所ニ番兵等致し居申候尤手負幷分捕品左之通御座候

戰兵
本田休助

一淺手
右手負

一火藥簞笥十五荷
一四斤半砲一挺
一百目位車砲一挺
一携臼砲二挺

一鞍置四疋
城内
一土藏三軒
但都而米藏
右分捕品
岩城平より三春ぃ進軍之大略左之通御座候
一七月廿四日岩城平發軍渡戸ぃ一泊同廿五日上三坂ぃ一泊何方も賊不相見得同廿六日曉二字比出軍和名田邨にて諸隊惣勢待合それ〳〵順々繰出三番砲隊は先鋒にて笠間領三春境新井町ぃ賊徒臺場を築致發砲候に付四斤半砲一挺にて十發位打掛小銃隊は双方横合より致攻擊候處臺場人數等悉逃去新井町にて各藩兩方ぃ軍配三番隊には廣瀨道筋より大越まて追討賊徒敗走同夜大越ぃ一泊同廿七日大越出軍中途賊徒一人も不相見得三春ぃ著陣致し申候且三春重役共荒井町迄差越歎願申出降伏相成尤白川口よりの官軍ぃも同樣歎願相成夫故三春にて戰は無御座候

○

三春より二本松へ前條同斷

一同月廿八日晝十二字比三春發軍各藩兩方より進擊三番砲隊には三里計有之本宮まて繰出一泊賊兵諸所へ相見得申候付終夜番兵同廿九日朝五字同所出陣一里半位の所ニ賊徒臺場を築發砲仕候付攻擊小銃隊は横合より進擊の處賊兵敗走關門まて追擊致し候大小砲頻に發砲此方より四斤半砲六挺にて繰打小銃隊には前條同横合より押寄候處終に賊徒逃去城内まて攻よせ候處最早小濱口よりの官軍も押寄居城中賊兵悉く打拂落城尤城中ニ火相掛それより諸所へ晝夜番兵等致し申候左候て手負幷分捕品左之通御座候

分隊長

本田仲之丞

一深手

一淺手

戰兵　山口藤左衛門

夫卒　淺手　市太郎

右手負

一四斤半砲一挺

但筒計

右分捕品

二本松より會津若松城ゐ前條同斷

一八月廿日八字二本松發軍同所の內玉ノ井村ゐ一泊同日山入ゐ賊兵相見得小銃隊等進擊相成候處賊兵敗走同廿一日各藩三方ゐ軍配相成三番砲隊には石筵口母成峠へ進軍玉ノ井村より三里半位有之萩岡平ゐ賊徒臺場を築致發砲候付攻擊致候處暫時の戰にて臺場乘取それより母成ゐ臺

場三ヶ所關門ハ一ヶ所築居最初二ヶ所之臺場より烈しく致發砲候付一番砲隊幷二番砲隊半座三番砲隊其外諸藩よりも大砲有之嚴しく攻擊致し小銃隊は横合より押よせ候處餘程致防戰居候得共終に二ヶ所臺場乘取外二ヶ所は最早賊一人も不相見得然處遠路終日之戰ゆへ兵隊も相勞れ尤黄昏相成候付母成ハ一泊同廿二日曉四字比出軍猪苗代まて進擊の賊にて同所ハ押よせ候處賊一人も不相見得夫より戸ノ口十六橋まて四番隊九番隊御兵具隊等進擊につき三番砲隊にも進軍戸ノ口ハ一泊橋掛方等致す同廿三日曉五字比出軍道路之賊兵打拂若松城下ハ八字比討入各藩も同樣諸口々より致攻擊候得共城内より防戰致し終日終夜砲戰翌二十四日遠卷之軍議相決藩士屋敷ハすべて火をかけ町口關門々々ハ相固三番砲隊には大手甲賀町口幷三日町口兩所ハ半座宛砲戰番兵致し居申候同廿五日天年（寧）寺口岡之下ハ鹽硝藏三軒有之候付四斤半砲一挺にて三四町位の所より打かゝり候處終に火點し三軒共一緒に灰燼と相成そ

れより東の岡手を小銃隊等取切申候尤晝夜を不分前文兩所ゟ數日の番兵御座候處九月廿一日御軍議之義につき各藩攻口賊徒襲來候外に探筒等打候儀尤城内ゟは號令これなくうちは大砲うちこみ候儀可爲無用旨被仰渡同廿二日肥後守父子歎願書差出降伏同廿三日開城相成申候尤三番砲隊には四斤半砲六挺外に二十拇臼砲一挺弁携臼砲二挺にて何方も進擊仕申候且會津にて手負人數左之通御座候

小頭
深手　村山源左衛門

伍長
深手　益山次左衛門

戰兵
深手　大脇源左衛門

夫卒

深手　清次郎

甚太

道案内者二本松領木幡村

戦死　孝之助

右手負并戦死

一十月朔日二本松ゟ出張形勢に従て仙臺應援被　仰付同二日朝七字會津出軍同四日二本松ゟ著陣然候仙臺既に降伏の由には候得共いまた御所置振も不被仰渡且盛岡一隅未た順逆之情實不相分ゆえ一先二本松より進軍攻手之官軍と調合候筈につき明七日より出張可有之旨被仰渡同八日二本松發軍福島へ著陣致し候處仙臺盛岡最早降伏相成候に付凱陣休兵可致旨白川口總督より被仰渡候付同九日福島發軍同廿日東京ゟ著陣同廿八日東京出立十一月十六日京都著陣同廿一日京都出立同廿六日歸陣仕申候尤戦功の次第者前條申上候通にて別段獨員を指て申上程之儀

は無之隊中一統之儀に御座候

右者於諸所戰爭之形行大略左之通御座候尤隊長半隊長分隊長等より委曲御屆可申上候得共其内私共より形行此段御屆申上候以上

巳二月

三番砲隊

監軍

松元龜五郎

市來彦太郎

四番大砲隊戰爭書

一四番大砲隊之儀辰六月十一日御當地出帆志州鳥羽港ゟ同十三日著船同十四日同所出帆參州吉田ゟ著陣夫より行軍輿津驛より甲州信州路踏越

七月十四日越後今町ゟ著陣夫より柏崎ゟ著船同日より同廿二日迄滯陣

一左半砲隊之儀七月十七日長岡ゟ出陣仕候に付形行別紙を以て申上候

一同廿三日右半砲隊之儀柏崎出帆同廿四日佐渡ゟ汐掛り翌廿五日越後大夫濱ゟ著船則ち上陸仕同所新發田ゟ著陣

一同廿六日夜半より繰出し笹岡ゟ進撃いたし候處光丹寺ゟ賊屯集いたし居候に付直に打拂ひ同所へ引揚候事

一右半砲之內二砲車水原進擊より分隊相成候間別紙を以申上候

一七月廿九日保田ゟ繰出し翌八月朔日曉より進擊仕候處賊諸所ゟ臺場相構候に付大砲小銃手强く打掛候處晝時分賊打敗れ散々に逃去り臺場等取り同所ゟ同十日迄相守居候事

一同十日赤坂より新發田ゟ引揚同十二日同所繰出し山內ゟ宿陣翌十四日未明より同所繰出し赤谷ゟ進擊いたし候處賊諸所ゟ臺場相築居候を大小砲手强く打掛け候處賊終に關所市中等ゟ火を掛け逃け去り申候右戰

爭之節一番砲車小頭伊地知喜平太薄手を負候事

一同十四日赤谷引揚山内宿陣翌十五日同所繰出し赤谷關口より進撃いたし新谷迄賊兵追詰同所ニ一泊いたし翌十六日未明より同所繰出し諏訪峠進撃いたし津川口迄押し寄候得共賊川向へ臺場相構ニ川越之戰爭終日砲發いたし暮時分諏訪邊迄引揚番兵いたし翌十七日會議所より新發田迄引揚候樣承知いたし諏訪峠より山内迄繰揚候處右半砲隊之二門取合又々行地ニ繰込み同廿五日迄滯陣いたし居候處翌廿六日官軍津川ニ押し渡り候段申來り候に付早速同所繰出し津川に押し渡り候處左半砲隊も著陣相成候同所夜半より六門共繰出し八木山邊より寶川野尻迄出勢いたし候事

一同廿八日片門ニ繰出し進撃致し候處大川有之賊川向ニ臺場諸所ニ相築則ちより砲六門相備へ砲戰相及ひ九月五日迄晝夜戰爭其内二門は西羽賀村ニ繰出し矢張戰爭之處晝時分賊之後ニ若松より官軍應援として責

め來り候處前後より散々打破り直に越後口官軍舟渡と申所ゟ押し渡り
申候同六日舟渡繰出し塔寺ゟ著陣外砲車も著陣相成候事
一九月九日塔寺繰出し坂下ゟ一泊翌十日未明より坂下繰出し會津若松城
下ゟ繰込み同十四日未明より大砲攻擊同二十日迄攻擊仕候事
但し九月十五日若松城攻擊之節川上八郎左衛門戰死同日伊地知左十
郎薄手負
一同廿二日降伏相成同廿四日朝六門共に城下町ゟ引揚候事
一十月六日會津若松城出立東京ゟ引揚十一月廿六日歸陣仕候事
右之通出軍中戰爭之形行如斯御座候以上
巳二月
四番大砲隊
小隊長
川田掃部

張紙
三番砲車之儀は七月廿六日夜半水原進擊にて翌未明より戰爭四ッ時分には追拂夫より中島と云所より半道位川向ゐ賊臺場築居候由にて二番遊擊隊半隊と押寄せ夜入戰爭之處味方少人數にて後取り切られ候ては混雜ゆへ直に引揚右中島臺場ゐ相堅居八月三日より保田と云所ゐ出張翌四日未明より村松城攻擊として四ッ時分に押寄則ちより砲戰之處程なく落去り候て七ッ時分には五泉と云所ゐ引揚然處同所ゐは長岡口よりの官軍繰込候由にて新發田ゐ引揚同九日米澤口下關進擊として出張翌十日黑川ゐ繰出候處坪穴と云所ゐ賊兵相堅め居候に付進擊之處是以て程なく落去り翌十一日下關迄押寄候處最早昨日より今朝に掛け引取候由にて候新發田ゐ引揚同十七日より赤谷之樣出張同十九日より廿六日迄行地ゐ滯陣同日津川口押渡り其後之形行は本文に申出候事

一四番砲隊右半座之儀七月廿五日越後新發田ゟ著陣翌廿六日夜半二番砲車三番砲車二番遊擊隊等繰出し翌廿七日未明より水原と申所ゟ進擊終に賊兵追拂夫より二番砲車は小里村ゟ押し行同廿九日迄相守居候事

一同廿九日暮前窪川原ゟ繰出候處上之方ゟ賊出張居候段注進有之候間直に彼方へ繰出夜半下里村ゟ著陣仕候處大河相隔萬願寺村と云所ゟ賊相堅居候に付發砲に及ひ押渡り候處都て逃け去り候に付右之下里村へ引揚八月五日迄相守居候事

一八月六日新發田ゟ引揚同十日二番砲車三番砲車黑川ゟ繰出し坪穴へ賊相堅居候に付外城一番隊等進擊いたし候處賊逃け去り候に付黑川ゟ引揚翌十一日下關迄繰出候賊は昨夜半引拂候由夫より新發田ゟ引揚候事

一同十七日二番砲車三番砲車山内ゟ繰出し夫より敵地ゟ押寄候處賊之臺場等諸所ゟ築居候得共何方も賊は引拂同廿六日津川ゟ押渡り夜中同所左半隊等一緒に繰出片門と云所ゟ同廿八日著陣いたし候處賊は大河相

隔諸所江臺場築立て相堅居候に付直に砲戰に及ひ九月五日迄晝夜戰爭いたし候處五日之晝時分賊之後より官軍應援として進擊に付前後より手強く打懸り候處賊四方江逃け去り其夜川向江押し渡り候事

但し廿八日砲戰之節二番砲車戰兵阿多六郎兵衞深手負野尻村病院江差し送り候

一九月十　《マヽ》日會津城下江繰込み天寧寺口方江出兵同十四日未明より大砲攻擊同二十日迄晝夜攻擊いたし候事

一同廿三日降伏相成候に付同廿四日砲車引揚候事

右之通出軍戰爭之形行御座候間此段申上候以上

巳二月

四番砲隊
分隊長
宇都宇左衞門

○

一四番大砲隊左半座之儀辰七月十七日越後柏崎出立宮本ニ一泊十八日長岡ニ著陣仕同廿日迄は同所ニ滯陣仕候て地形旁見分仕申候事

一同廿一日早朝大黑幷に筒場臺場之間ニ砲三門共繰出川面土手ニ臺場築立て賊兵福井幷に百束兩所臺場ニ相掛り則より晝夜砲戰に相及ひ申候事

一同廿五日六字より進擊相掛賦にて彈藥等用意いたし居申候處廿四日夜半時分賊より富山堅め場ニ襲來り廿五日終日戰爭候處長岡城下町ニ兵粮彈藥等格護相成居申候處燒失にて空しく彈藥等手當相調迄信濃川を越し關原と申所迄人數引揚候樣本營より承知いたし同夜半關原ニ著陣仕申候事

一同廿六日彈藥等手當仕右川畑槇下と申所迄砲車繰出小銃拾三番隊共に

同廿八日晩迄川を隔砲戰に相及ひ申候事
一同廿九日未明官軍妙見口より進擊相成申候處追々官軍川を渡り賊兵陣屋ゟ砲發又は火之手相掛賊兵追拂先相堅居候筒場臺場迄進擊候處賊徒も本相堅め居候福井百束臺場ゟ罷在申候に付小銃二三小隊に五番砲車一門繰出し進擊相成申候處暮々には賊臺場乘取申候何分夜中に相及ひ申候ゆへ同所迄相堅め居申候事
一八月朔日早朝より進擊之賦にて人數見附迄繰出申候處賊徒前晩引拂後にて人數同所ゟ相圓め居申候事
一同二日早朝より長澤迄三日原町と申所迄出勢にて五番砲車一門は萩堀と申所迄出砲相成申候得共是又賊兵引拂後にて同所ゟ四日迄滯陣仕人數相待合居申候事
一同五日曉より出陣村松城迄出勢相成申候處降伏にて同所町ゟ人數一泊仕居申候事

一同六日晝過より五泉ゟ出兵七日迄同所ゟ滯陣仕居申候事
一同八日晝時分赤坂口ゟ賊徒臺場等築居候哉に承り及ひ候に付早々小銃七番隊幷に砲隊繰出候様本官より承知いたし申候に付直様繰出申候處同夜四ッ時分赤坂口ゟ著陣仕申候事
一同九日早朝より砲戰にて同十日未明より小銃隊より川向七曲峠賊徒臺場ゟ進擊相成申候に付應砲等いたし申候處終に臺場乘り取り申候に付直に六番砲車一門右之臺場ゟ繰入則ちより砲戰に相及ひ申候餘砲之儀は矢張赤坂口より小松村ゟ賊兵關門相堅居申候に付川向双方より小松村ゟ相掛り砲戰に及ひ申候得共打入不相調ゆへ本之臺場迄人數引揚相成申候に付砲隊人數も同斷にて野陣仕居申候事
一同十一日晝より又々小松之臺場ゟ小銃幷に大砲双方より進擊相成申候處七ッ過には賊兵逃去申候に付直に關門乘り取申候事
一同十二日より十五日迄賊兵石間と申所へ臺場築罷在申候に付佐取幷に

鬪門涯臺場双方より砲戰に相及ひ申候處十五日五番砲車小頭川北孫次郎儀薄手負仕申候に付五泉病院之様差し送り申候事

一同十六日未明賊兵共石間臺場引拂申候に付十七日には石間之様砲隊人數繰込同十八日より廿一日迄同所ゐ滯陣仕居申候事

一同廿二日石戸と申所迄出勢賊兵五十島山上ゐ罷在候得共廿四日に引拂申候に付廿六日夕方津川口迄三門共に出砲仕申候處右半座と一緒に取合同夜四ッ時分八木山邊ゐ賊徒相見得候哉に本營より承知いたし申候に付六門共繰出申候同廿七日室川より野尻迄出勢仕廿八日野澤より片門ゐ繰出申候處賊兵大河を隔臺場相堅め居申候に付則ち六門繰出數發砲戰に相及ひ申候處翌廿九日未明砲二門川下西羽賀と申所ゐ繰出す可く旨本營より承知いたし候に付四番六番砲車繰出申候處賊兵川向ゐ相堅め居候に付右之二門より砲戰に及ひ申候處晦日六番砲車戰兵田中八郎儀手負仕申候に付則ち野澤病院ゐ差し送り申候

一九月朔日迄前條同斷に御座候處翌二日下川井村と申所川向ゟ賊兵相堅め居申候に付當朝六番砲車一門繰出則より戰爭にて同三日迄同斷御座候

一同四日川下より小銃八小隊にて進擊相成候央賊兵陣屋ゟ火之手相掛陣屋都て燒拂申候處四方ゟ逃け去申候に付砲車は本之西羽賀村之樣歸砲相成申候て又々同所に於て戰爭相及ひ申候同五日晝時分官軍川上之方より進擊相成申候に付四番幷に六番砲車より數發砲戰相及ひ申候處賊兵逃け去り申候に付砲二門共川を越し火之手相掛け燒拂夕方本之臺場ゟ引取相守り居申候事

一同六日早朝より右之川を越し出勢候得共賊徒には引去り候後にて同日晝時分より塔寺之樣繰出同夜四ッ時分著陣仕右半隊と取合七日より八日迄同所ゟ相守り居申候て翌九日坂下之樣出勢仕申候事

一同十日會津若松城下ゟ繰込十四日十五日大砲攻擊之賦にて左半座之儀十三日夜半より日光口之樣出勢十四日未明より攻擊相成申候處晝過に

は城下迄繰込同廿日迄晝夜攻擊にて御座候事

一同廿二日降伏に相成廿四日朝三門共に引揚城下町江一座取合申候事

右之通出軍戰爭之形行御座候間此段申上候以上

巳二月

監軍

篠崎七郎左衞門

四番大砲隊

半隊長

谷元彥八

右同

分隊長

川上平七郎

此節北越表戰爭之形行取調申出候樣承知仕候依之四番大砲隊之儀半座

又は一門つゝ分隊相成申候間形行銘々別紙を以て此段御屆申上候以上

巳二月

四番大砲隊

小隊長

川田掃部

監軍

篠崎七郎左衛門

○

臼砲隊

右者去る三日伏見江出陣致し候樣被　仰付晝時分到著其餘兵隊は都而役館近邊相固居候付則出張之御軍賦役江引合候處大砲二挺は豐後橋涯江繰出し右同し一挺は御香宮上通り携臼砲二挺は見計を以て上手畑地

ハ居付置候處晝七ツ時分鳥羽街道之方より砲聲相聞へ直樣諸隊一同砲戰に及ひ豐後橋涯ハ賊兵大砲三四挺幷小銃隊相備頻に防戰致し候付味方も粉骨必死に放發致し其砌砲前にて敵丸破裂致し砲車も打碎れ候節玉藥役竹內宗之丞深手を負ひ申候賊兵共退散追擊致し候處大砲二挺幷玉藥小銃手鎗等數多分捕に及ひ一同拔群相働き申候

一携臼砲二挺役館內諸所ハ投放致し候處彈丸は都而打盡し不得止事小銃を以て盡粉骨塀涯に於て相働き申候

一大砲一挺御香宮上通りより役館ハ振向け數發放射致し候處賊兵小銃幷大砲を以て塀涯より嚴敷射掛け候得共手負等も無之夜五ツ時分相成候處敵兵引退き候哉砲聲不致候付味方も同く放發打止罷在候處同所下角にて一番大砲隊頻に致血戰候付應援として右場所へ押出し夜半比迄互に放發致し候砌玉藥役平野甚助深手を負ひ申候一同拔群相働き遂に打挫館門破れ共に役所內ハ押入申候

一四日朝四ツ時分御香宮之様人數引揚け居候處鳥羽街道難戰之模様承り則出陣致し候處途中森橋邊にて砲戰有之候付大砲押掛候處堀向ゟ臼砲相用ひ放發致し候得共何分味方打之殘念も有之場所にの暫時小銃を以て打合申候處追々敵兵敗走致し會高松等之賊兵之由御座候夫より御香宮ゟ七ツ時分兵隊引揚居候處又々賊徒澱城邊ゟ相屯居候由直に彼之方ゟ相赴き候處肥後橋手前にて既に昏黑に相成候故不得止事此邊人家ゟ致一泊申候同所ゟ十二番隊幷長藩人數等止宿いたし居候付伊集院與一幷長藩田中某ゟ引合明日澱攻口手配談合致し置候

一五日未明より淀堤松原ゟ押掛候處賊徒大砲數挺相備待伏罷在候付大小砲を以晝時分迄必死之及砲戰味方諸隊手負ひ卽死等も夥敷其砌玉藥役家村彥五郎戰死監軍井上助右衛門深手を負ひ一同粉骨拔群相働き遂に賊兵敗北會桑等之强兵にて容易に難破味方之兵は無二無三に押掛候處淀小橋涯迄追擊致し町家へ諸燒彈射掛候處速に燃へ上り無程賊兵之砲

聲も絶へ味方彈藥も盡き果候付大小砲幷彈藥手鎗其外許多之分捕致し
申候見切を以兵を伏見之樣引揚け申候
戰狀右之通御座候間此段申上候以上

差引
成田正右衛門
監軍
平山喜八郎
右同
井上助右衛門

覺

豐後橋筋にゐ
深手
竹内宗之丞
御香宮下角

深手　平野甚助
讃良休藏
肝付十郎
家村十郎右衛門
池水爲右衛門
土師孫一
兒玉八之進
兒玉彌八郎
本田仲之丞

一右者去る三日伏見役館攻口之儀半砲隊者豐後橋涯ゟ張出居半砲隊者御香宮上通幷下角より及戰爭候節拔群相働候
一翌四日伏見堀向へ高松勢砲戰之場所へ臼砲小銃射掛候得共しるしを取候程之儀無御座候

即死　家村彦五郎

監軍

深手　井上助右衛門

兒玉八之進

士師孫一

肝付十郎

家村十郎右衛門

池水爲右衛門

一翌五日淀攻之砌松原にて會藩大坂等之勢待伏互に手强く及砲戰即死手負等も有之必死に相働淀橋涯迄追退燒玉町家ニ射掛候處速に諸所焚付拔群相働申候間此段御申上候以上

辰正月十日

平山喜八郎

井上助右衛門
成田正右衛門

○

臼砲隊屆書

辰二月十三日京都出足木曾路通行にて同三月十三日東京板橋驛江著同四月廿三日宇都宮城江六番隊二番砲隊臼砲隊幷大垣一小隊致攻擊候處賊二千餘にて町口之臺場嚴敷致防御候得共直に臺場乘取候而城門江攻擊いたし候處七ツ時分賊後に廻り乘取候臺場江致屯集尤四方江相廻りひとしく致砲發候に付俄に軍議を替一先臺場之賊追拂兵粮玉藥相使其上攻擊の處江一決し其通進擊相成候處直に追拂右之通兵粮玉藥等相用又候城へ攻掛り候處七ツ時分もか五番隊長州兵隊相續候に付得氣を嚴敷及砲發候處夕方落城相成其上壬生より因州一小隊應援相成候

一辰閏四月廿五日宇都宮出足白川應援として大田原一泊廿六日芦野ゟ進軍二日滯陣白坂驛ゟ著當宿にをいて四番隊五番隊に追付候處軍議に相成同五月朔日白川攻擊相定候處に東海道先鋒二番隊一番砲隊一門臼砲隊も追付朔日朝三方ゟ別れ攻擊相成臼砲一挺者右街道二十拇一挺は本街道致攻擊白川町口ゟ出候處賊嚴敷致砲發候に付二十拇打掛け候處彈藥三十發位打掛候處都而射盡又々白坂驛より取寄數發打掛候處賊兵も八ッ時分より追々散亂いたし終に白川落城いたし候に付當宿ゟ滯陣相成候

一辰二月十二日京都出足東海道通行にて同三月十三日東京品川宿へ著兩日滯陣にて酒井雅樂屋敷ゟ轉陣相成候

一辰四月廿三日白河應援として二番隊一小隊一番砲隊一門臼砲一挺酒井屋敷發足之處白坂驛ゟ廿八日著夫より白河攻擊に相加候

一辰五月十六日未明砲聲甚敷候處斥候として一人差出候處直に走歸賊四

方之山江責掛候由注進有之候に付直樣大砲一挺二十拇押立門前江出候處川村與十郎江行逢臼砲隊者湯本街道相堅候樣承候に付湯本街道江押出候處賊兵數多責掛候に付大砲幷に二十拇打掛右之場所は大垣藩一小隊位に而相堅大垣も大砲二門に而共々大小砲打掛け互に及砲戰候得共勝利を得候儀無覺束候に付軍議を替へ大砲臼砲打捨大垣も同樣にて小銃を以相進頻に及苦戰候處終に賊兵敗走いたし候に付致放火七ツ時分兵を引揚此戰に監軍田代五郎左衛門致深手負候

一翌十七日八ツ時分より奥州街道江砲聲相聞へ夫より無間も二番隊小頭見習田原雄藏差越應援差出呉候樣申來直に携臼砲持越候處金昌(勝)寺山より臼砲打掛互に致砲戰候處二番隊小銃にて攻擊相成候處賊兵は大屋地村迄退き右之場所にて仙臺街道より攻擊相成候四番隊に出合同所にて暫時相戰大屋地村迄責拔右場所燒拂夜入過白河驛迄致揚兵候

一六月十二日早天砲聲相聞江夫より湯本街道江張出候處土州藩相堅頻に

砲戰いたし候故應援之含にて致攻擊候處暫時之戰にて賊勢破れ夫より一里位追擊いたし右場所火を掛燒拂七ッ時分兵を引上候其餘連日少々之戰爭は有之候得共略文仕候

一辰六月廿四日棚倉ぃ進擊相成候處關山と云高山より大砲打掛候得共踏通金山其外諸所之臺場乘取致進擊候處八ッ時分落城相成候同廿五日釜ノ子ぃ賊屯集之由に付致進擊候處最早逃去候に付同所陣屋燒拂直樣致歸陣候

一辰七月廿四日棚倉を發し石河幷田茂神ぃ一泊にて同廿六日三春ぃ打入候處降伏相成候に付同所ぃ一泊同廿七日二本松境小濱と云處ぃ長州兵隊苦戰之由申來應援として二番砲隊兵具隊半隊臼砲隊七ッ時分出兵途中にて長州兵隊小濱驛賊逃去候儀にて歸陣之處ぃ行掛同所にて評議を替又候長藩も小濱之樣引返其夜は當驛番兵市中巡邏にて夜を明し候翌朝三春之樣兵引上候旨申來候得共小濱之兵より申立二本松攻擊に評議

相替三春より當宿又は本宮之様兵繰入同廿九日小濱發し二本松江致攻撃候處城下近き川向江臺場築立及防禦候得共悉く踏破り暫時之間に二本松落城に相成賊を討取事不少候隊中には手負等も無御座候

一辰八月廿日二本松發足玉野井江一泊同廿一日未明玉野井出足石莚より官軍三方江別れ臼砲隊は二番砲隊一所にて坊(母)成峠江正面攻撃相成候處諸所江臺場築立候得共暫時之間に踏落し大原と中所へ野陣同廿二日九ッ時分大原發足猪苗代江打入候處賊より陣屋焼拂逃去候に付一泊同廿三日未明發軍會津之内十六橋を越候處朝六ッ過より戰相始直に追打いたし四ッ前時分若松城下江打入候處會賊致防禦候付頻に砲戰之處八ッ時分土師孫一手負夜入時分丸田喜右衛門戰死夫より毎日之連戰にて終に三十日目降伏相成候

一辰閏四月七日姉ケ崎江致進撃候得共手負等無御座候同五月十五日江戸東叡山江進撃いたし候節小頭肝付十郎深手に而後日死す小頭家村十郎

右衞門致手負候

右は戰爭之次第可申上旨致承知候大略如斯御座候以上

巳四月

臼砲隊

小頭

兒玉八之進

慶應出軍戰狀

本府

四

小銃第十三隊

戊辰七月廿二日越後國長岡へ著陣す抑同領出軍之儀は北越奥羽之賊蜂起し官軍苦戰に相及ひ援兵として今般大軍を繰込相成候翌廿三日は予か一小隊の長官敵の形勢地形を巡見し同廿四日四字過より古志郡福島邑水門口幷大關兩臺場を請持互に砲臺を設け間を隔る事三四町賊之陣を張る事數里にして晝夜砲戰烈し然に明廿五日曉四字より五字の間官軍惣攻口ち進擊の軍配相定り居候處長岡賊徒へ洩聞へ二字過より餘藩の堅め宮下口へ逆寄せ砲一聲にて鬨を作り賊二百餘人一時に打破り在家を放火し無間も本陣幷病院を破り長岡城も乘取候段相聞得終に亂軍となる依て予か半隊は臺場を堅め半隊は長岡城へ相進む未明より藏王村石内町口砲戰烈く銃丸雨の如し官軍不撓進て四字比城門迄攻寄せ予隊は裏門口を堅め五字

過福島村へ勢を引揚る賊兵は射捨切捨死傷不少といへとも亂軍にて數に不暇其日上杉勢彌増勢に乘し襲によつて前後に敵を請く然處軍議變て一往惣勢可引揚との令ありて俄に信濃川迄繰引す此日實に官軍之苦戰也予か隊手負戰死別紙之通御座候時に賊の勢ひ盛に依て官軍信濃川の渡口へ陣す川を隔て晝夜激戰同廿九日曉より薩長の各隊妙見山口より進擊七字には砲聲烈く長岡城に迫る卽刻予か半隊大島渡を涉り妙見口ゟ繰出し應援す此時官軍城中へ攻入る賊敗れて筒場幷大黑村へ逃去る官軍是を追討して福井百束村に追詰め暫時互に砲擊す予か半隊は百束の横合より攻掛る故に賊又敗走す同夜大黑村幷水門口を守る半隊は同廿九日之九字頃より黑洲の渡を押涉て進擊し分隊して大口村諸所臺場を乘取る一分隊は川邊より中島迄追討して今町之先陣也同夜同所へ陣して相堅む此日賊の死傷夥といへとも數里の攻擊にて首級打捨る予隊戰死別紙之通翌八月一日大黑の半隊大斥候として見附へ進み同所潜伏の賊悉く斬殺し又運送の大

小砲且器械餘多分捕す同日先鋒の官軍予半隊大面村迄進軍此時賊徒の新發田勢二百人降伏して同所へ出官軍に屬す同二日予今町の半隊と合して新發田勢を押立官軍都て月岡へ進軍の處三島郡田島へ賊屯集し爰も川を隔て砲戰晝夜に及ふ予隊別紙の死傷なり同三日田島一貫三條の町へ進て賊探索すといへとも前夜逃去て一人も不見得同四日惣勢進軍多は薩長且新發田勢也予隊八字より往還を進軍して上保内村へ乘掛の處會庄米長岡の賊臺場を築き防戰す卽味方も烈く發砲予か半隊は正面に向ひ半隊は山手間道より敵の横に出て砲擊一時にして攻落し賊首拾餘級を得る惣勢不透進て追討し四字頃加茂口下條村へ至る賊又廣大之臺場を構へ同く防戰す依て三方に軍勢を配り予か隊は左右二手に分て激戰す然といへとも容易く攻拔事あたはす晝夜連戰砲聲盛なり曉に及て臺場を乘取る賊之死傷不少流血夥し味方も戰死手負あり其日加茂町へ乘入之處同所は賊の根居にして自放火して落去る予隊一夜陣して長干城隊薩州二番々兵同時村松

へ進入然れとも落城の後にて郎より城外諸口を堅め巡邏す然る處會賊等高石口を防の旨相聞へ同八日より間道夏針村へ出陣本道は干城隊松代等なり兩口進撃の軍配相決し同十二日曉松本一小隊番兵二番一小隊予一小隊は間道より田河門村へ追撃す爰は賊の臺場左右にあつて山林嶮岨にて戰數刻に及て終に臺場を乘取り高石へ追撃す本道小面谷の賊同時に敗れて長州松代是を追ふ賊徒高石を放火して津川の方へ落行此口は至極の難場殊更軍議の趣あつて新發田村松の降伏勢に入り替り此地を守らしむ味方死傷あり同十七日會領境赤谷口へ進むへき令に依て村松を發して新發田米倉へ著陣然處最早赤谷の賊も津川迄追拂相成居又村上口勢少きに依り彼地へ可進との事にて同廿三日同所城下へ著く爰も落城の後にて直に庄内口へ攻掛る同廿六日曉小名部口進撃に付急き援兵として岩舟郡中繼村邊迄繰出旨相達し陪道兼行四字頃中繼を越て小俣へ進む此時薩州附士半隊防州岩國幷村上越州砲隊等の兵小俣を攻落して小名部口賊砦へ攻撃

す然とも勢ひ盛にして不能攻脱事終に再敵を前後に請け剩へ賊より小俣の民家を放火し同所に於て官軍苦戰也此時予隊二手に分て川を渉り横合に出烈戰に及ふの處夜に入終に賊逃去故に戰を止め中繼へ凱陣す然とも此口難きによつて一先守兵となる同廿八日山熊田村へ賊襲來高鍋隊幷附士半隊苦戰の報知あつて予一分隊應援として差向といへとも早賊退去の後にて一旦高鍋持口之臺場へ入代て戰守す然處濱手を可破軍配によつて同晦日夜山熊田一分隊を引揚け一隊を合て勝木村へ轉陣九月一日未明より繰出鼠ケ關本道は薩之砲隊越州土州等山手間道は土州加州越州予か隊の攻口相定る然といへとも越土加の勢は道を迷て岩石口へ出て戰ふ予か隊は越羽の境中濱山中より進軍の處敵の伏兵に出合發砲暫時にして其賊追拂といへとも又設け置たる臺場に屯集して防戰す故に烈戰時移て砲臺二ケ所乘取り僅に鼠ケ關山上迄討入といへとも數刻の激戰にして彈藥乏く殊に日も西山に傾き援兵不繼予か一隊に兵疲るゝを以て空く戰を止む

此日賊之死傷多く兵器分捕有之といへとも夜に入り一々不取揚味方戰死手負あり同九日軍配之令により中村へ轉陣す同十一日薩州三小隊高鍋一中隊を以て嶮岨の峰を踰へ賊の根居としたる關川村へ攻入り敵の虚を討たる故大に狽狽敗走に及ひ器械を棄て越澤村へ走る薩州之徵兵一小隊長奇兵一小隊は雷村臺場を乘取る其時予か一分隊を應援として關川へ出然處翌十二日未明より賊襲來發砲烈戰に相及ひ夜に入て賊逃去て臺場を堅む依て今一分隊を合て半隊となす半隊は中繼口援兵の處同日薩藩兵砲隊幷岩國新發田村上等の勢小名部口へ進擊し小俣村より日本山に戰ふ予一分隊を小組に分けて各隊に應援す日くれるといへとも戰不決て止む惣勢中繼に守兵して攻口を堅む同十六日關川邑を取返さんか爲め賊大軍を以て四方に軍配し不意に襲ふ砲戰未明に始り終日烈戰昏に及て賊又敗走す其日追討して彈藥を分捕此日予か半隊と高鍋隊と攻口に於て賊の長安部藤藏を打ち留む余賊討取事許多也味方も手負あり夫より互に臺場を堅め

連日發砲烈戰の處同廿七日庄内降伏罪相立候段惣督府より御達有之當日惣勢進軍翌廿八日庄内へ乘入陣す其後解兵被仰渡十月六日同領を發して村上へ凱旋す

右之通御座候間此段御屆申上候以上

明治元年戊辰十二月

○

十三番隊

隊長　有馬雄之介

監軍　鮫島元吉

監軍

戰死　牧野正之進

戰兵
手負死　町田清二郎

右辰七月廿五日越後國古志郡福島村水門口戰爭
小頭
川上休右衛門

右同日夜水門口より人數引揚之砌行衛不相分於同所致戰死候段後日分明す

伍長
手負　池田嘉兵衛

戰兵
右同　石原一郎左衛門

右同
右同　畠山孫之丞

右同日藏王村石内町に於て亂軍中

右同

右同 川俣金之進

伍長

戰死 尾上爲之丞

右同

手負死 山口雄介

右七月廿九日攻擊之砌蒲原郡福井臺戰爭

戰兵

手負死 蒲池喜次郎

右同

右同 上野嘉次郎

右八月一日三島いからし川田島渡口戰爭

右八月四日蒲原郡上保内邑戰爭

右同日加茂口下條村戰爭

戰兵
手負死　三島彌太郎

戰兵
手負　町田勇次郎

伍長
右同　上原宗之丞

右同
右同　小久保喜八

戰兵
手負死　川俣平左衞門

小頭

手負　坂元勇四郎
戰兵
右同　町田矢八郎
右同
右同　谷山吉藏
喇叭役
戰死　桂彌三郎
有馬新太郎下人
右同　清太郎

右八月十二日蒲原郡高石口田河内村戰爭

戰兵
戰死　中村吉太郎
伍長

手負死　永田吉之助
　右同
手負　有村龍右衛門
　戰兵
右同　有馬愛十郎

右九月一日越羽之境岩舟郡中濱山中戰爭

　半隊長寄
手負　河野半藏
　戰兵
手負　立石德次郎
　町夫主取
手負　喜右衛門

右九月十六日出羽國田川郡關山山中戰爭

右七月廿八日刈羽郡槇下村黒州の渡口戰爭

右之通御座候以上

十四番隊戰爭次第書

戊辰七月十七日越後長岡城下著陣申ノ刻行て番兵二番隊に代り川邊村守壘廿四日夜長岡に向て火あり砲聲倍す我持口にも近く潛來して鬩と共に發砲越壘突入す隣壘高田上田の持口も乞分配盡力追散らす雖然飛丸彌繁し兵士松元甚七河原仲兵衛即死敎頭中原猶介（後死）兵士横山長右衛門夫卒祐言（後死）深手を負戰聲に應して十番隊來援廿五日長岡ぃ一分隊赴援く利あらす兵士竹内宗兵衛深手暮に及て關原に揚く三分隊は深夜與板に揚く先是小隊長鮫島周吉（後聞戰死不得死骸）兵士平田勘八（病院門前に戰死す）上村慶介（冒圍柏崎病院に入）本田郷右衛門（後聞屠腹）久士目愼太郎（冒圍來壘）羅病長岡病院に入醫師新村鎌益（後聞戰死）從之廿

七日三佛生村に息て廿八日辰ノ刻妙見村著陣未之刻七番十番隊に代て市村の散戰壘を固む廿九日未明より進擊賊潰ゆ幾多の砦を拔く溝村に至て烈戰兵士堤彥太郞卽死川上喜介手負未ノ刻此城陷る番兵二番右半隊下條村を攻擊す進援て拔之兵士島山鈊八郞死後夫卒幸次郞開後深手を負ふ諸方ゆ追擊す土場の臺に依て固守す勞兵殆苦戰す半隊長の場橋口吉左衞門兵士山崎梢手負ひ暮に及ひ拔て追留む央は今町を討て陣す八月六日村松に入り五泉に陣す九日大谷村に陣し十日曉長州振武二小隊と陣ヶ峯壘を攻めて拔之佐取村を取る小頭寄別府五左衞門死後兵士伊東敬介死後深手を負ふ十一日川向小松壘攻擊有り四番砲隊二門及ひ我隊隔川橫擊して拔之夫卒藤左衞門卽死す十五日進て菅名嶽を取て野陣す十七日釣濱村に進み十八日越前一小隊爲先鋒我隊外城四番隊續て押す川向五十島村より俄に發砲一騎打の惡地我二隊發山應之大皷役脇田仙之丞死後負深手及暮賊散す進て五十島村を燒て後陣に鬮號す地形利あらす退て釣濱村に陣す八月廿一日五

十島ハ進む賊は研山と云高山に守壘す應て固む廿三日三月澤に至る不利素壘を固む廿五日賊守を失す進西村峠に野陣す廿六日八木山に陣す廿七日賊東峠を守る進み撃つ賊走る追て上野尻村に至て陣す兵士川上仲太郎手負廿八日追て片門村に至る隔川固守西羽賀村に轉す彼も應して不能渉九月五日圍城之官軍背を襲ふ賊師敗る六日渉川南宇内村に陣して殘賊を抑ゆ十日各藩整列我隊爲先鋒若松城下に著陣十三日天寧寺ハ爲豫備隊十四日に至て圍守す兵士仁禮彦一淺手を負ふ十五日新胸壁に迫る廿二日城主謝罪以上

十四番隊謹白

十五番隊戰狀

八月廿三日（羽後國）四ッ谷村戰爭九月十日より十五日迄戸島表幷境に於て

戰爭の次第左之通

一八月廿三日八ッ時分大河原村より出兵玉川を押渡り卽散隊に開き四ッ谷屯集の賊兵と砲戰日入時分烈鋪く及砲戰候處賊次第に引退遂本道近く追鎭賊兵悉く致敗亡候付夜五ッ時分兵を圓て四ッ谷村河原へ引揚翌廿四日同所より又々進擊の手配にて未明より繰出し既に十町餘も致進擊候處本道より押出候諸隊惣て持場へ引揚候付當隊も早々元之持場へ引揚候樣報知有之其形直に大河原の樣引揚候

一九月八日朝四ッ時分賊川筋の堅めを破りふくべらへ押渡り秋田城下ゟ進入の段報知有之候付十五番隊左半隊竹下喜左衞門大野四郎助組合人數監軍國分一郞右衞門差分り當夜九ッ時分大河原より戶島表爲應援致出兵候處同十日晝時分戶島驛後間道より賊押來候付早々人數芝野へ繰出候處最早其節は賊ぬか塚ゟ襲來居直に及戰爭候處日入時分ぬか塚より左之方十四五町も相隔り筑前兵繰出候場所手薄有之援兵乞來候付四

番分隊ニ監軍差添右持場ニ駈付候處筑前兵は彈藥乏鋪く由にて既に人數引揚候央にて別而危急の場合萬一彼の地相敗れ候ては不容易場所故乍漸岡の中央へ人數揚登せ敵合僅一町計も有之烈鋪く致發砲遂夜五ッ時分賊引退候筑前兵も無程同所ニ兵を圍め置候折先に引揚候筑前兵も無程同所ニ相集候最ぬか塚の方へ差向候分隊夜中迄も及戰爭候處此地皆平面にして味方別而不利地形付當夜俄に臺場等立置翌十一日未明より及戰爭ぬか塚正面又は左脇ニ四番分隊差分り双方より手强致砲擊候處四ッぬか塚の賊追卸候付正面ニ相掛候人數は右場所ニ押寄せ四番分隊は橫矢に押詰終日暫時も無間斷夜入過致砲戰遂賊之砲聲絕果候付當夜同所ニ兵を伏置翌十二日未明より致進擊白尾島村迄追詰候處賊兵川を押涉り無殘致退散候付同所の儀は新庄兵付置同夜四ッ時分戸島驛ニ兵を引揚翌十三日夜半過同所より境の樣出勢同十五日晝時分より戰爭相初り爲應援人數繰出夜四ッ時分賊敗走候付松岡へ兵を引揚翌十六日

より進軍相成大曲にて右半隊ゟ致合隊其より清川ゟ先鋒にて追々進軍
庄内領迄押入申候
但於諸所手負戰死の儀は別紙之通御座候
右之通御座候間此段申出候以上
辰十二月

十五番隊
小隊長
北郷由之進
監軍
竹下喜左衛門
下人　彌七
松元覺之丞
下人　三次郎

内田勘兵衛
下人 末吉
小澤勇左衛門
下人 早助
右辰八月廿三日四ッ谷村幷花館に於て戰死

戰死　大山宗之助
手負　伊勢勘之丞

右辰九月十一日於戸島戰死手負
右之通御座候以上
辰十二月

十五番隊
小隊長
監軍

去る八月奥羽之賊徒御征討付越後口爲應援出兵被　仰付御城下拾五番隊幷諸郷三小隊共に遙々海路を經同所新潟ニ致著船然處庄賊等羽州秋田ニ侵入彼領内過半致奪掠極至急の段相聞得直に又々海上より秋田ニ相渡久保田城下より拾貳里本道筋神宮司（寺）宿ニ同十九日致著陣夫より長崎振遠隊持場馬倉の堅相受取守衛大川相隔賊と白眼合晝夜致砲戰同廿三日早朝より賊巣花館大曲邊ニ大進擊の軍議相決し及其用意居候處貳里川上相堅候拾五番隊幷國府蒲生の兵隊其所の瀨を押渡り則より砲彈賊徒敗潰然とも貳里餘の追擊其時を移し候付本道の手配致相違同日七ッ過番兵三番隊四番隊同時に大川打渡り花館宿ニ押詰候處大曲ニ賊臺場を構へ嚴く防戰致し然内夜込に相成戰場溝泥深淺等の地利不分明進退におひて不得已曉七ッ時分諸隊一同兵を本の堅場ニ引揚け申候其節の戰死手負左之通

兵士
日置半之進
兵士
本田市太郎
本城牛之助
川村市十郎
右戰死
兵士
名越正助
右深手
兵士
田中藤右衛門
右薄手

夫卒の　森　吉

右戰死

一同九月十日同左半隊の儀同所椿川村の固め手薄き由にて爲應援戸島驛より被差出致探索候得共賊勢不襲來候に付翌朝椿臺ゟ繰出候處賊兵小高き岡ゟ致屯集居候を追卸し一町計致進擊候得共正面よりは谷越しにて難打破候付山路より右に出横矢打掛候處賊敵悉く敗走致し其節の戰死手負左の通

兵士　牧　十左衞門

右深手

監軍　小倉齊之丞

右之通御座候間此段申出候以上

兵士
松本甚助
右薄手
川上東馬家來
久留松太郎
右戰死

拾六番隊監軍
小倉齊之丞
木藤彌太郎
右同分隊長
大野清八郎
右同半隊長

右

川上東馬

同小隊長

土橋休五郎

一番遊擊隊戰狀

正月四日朝五ッ時乾御門より繰出し鳥羽街道差して進軍に及ひ候處大概晝九時頃上鳥羽ゐ行著卽攻擊に及ひ候下鳥羽邊は無間攻拔淀町入口迄進擊致し候處賊兵楯に依り烈敷防戰して夕刻迄接戰に及ひ候得共何分前は沼地後ろは桂川を帶ひ一本橋に比較したる街道にて後の人家へは火起進むにも守るにも地理酷惡敷夜戰に及ひ候ては別て不都合に付不得止又々下鳥羽出口迄二町位側面散隊繰擊にて引揚止戰仕候

一正月五日朝六ッ時より兵具隊同道にて桂川を打渡り川向竹山道進軍之

處鳥羽伏見兩道之戰爭盛にして兵具隊は竹山道央より桂川堤に出鳥羽道之賊兵横矢を撃候故夫成一番遊撃は淀城下迄繰出し桂川越に淀町邊幷淀橋之賊兵へ横矢を撃候處大に狼狽に及ひ賊兵續て敗走淀城後ろを通り八幡を差して逃去し也止戰に及候は夕七ッ時分也

一正月六日朝六ッ過淀城を繰出し大橋下大川を打渡八幡賊陣へ攻撃に及ひ候處川堤幷田畠等にて大小砲之撃合致し候處八幡賊陣丈は無難大凡晝九ッ半時分攻拔き引續橋本臺場ハ攻撃山手より長奇兵隊川向より藤堂横矢等を撃候處是以無間敗走致し賊兵悉浪華を差して逃遁し依て七八町程も追撃候得共早夕刻に及官軍は橋本邊へ止陣なり

一閏四月七日上總國八幡宿にて曉四字頃本道之番兵へ賊兵より發砲致し候故即戰爭相始り攻撃に及山手濱手悉散隊に開き進撃致し候處五井宿邊出張之賊兵は無間散亂夫より養老川を打渡り急撃之追撃にて近隣之村々ハ屯集之賊兵も頻に防戰に及ひ候得共悉散亂之勢と相成續て官軍

は縱横の追擊にて大概晝十二字頃姉ヶ崎まて四里之間急歩して追詰候處姉ヶ崎町口ゟ三ヶ所之砲臺を築き烈敷防戰之勢をなす依て街道よりは大砲半座山手砲臺へは三番隊濱手砲臺へは一番遊擊隊にて攻擊に及ひ候處暫時之接戰にて三ヶ所共に一時に攻拔卽追擊姉ヶ崎陣屋は勿論市中悉踏破り七八町程追擊にて賊兵は四方へ逃去一人も無之早夕刻にも及候故姉ヶ崎宿ゟ止陣なり

一五月十五日東京酒井邸より曉四字大下馬ゟ相揃同五時前繰出し湯島天神迄進軍に及ひ候處賊兵屯集無之故卽上野黑門廣小路通三枚橋脇ゟ繰出し候處賊兵大砲二門を備居卽戰相始續て官軍正面よりも攻擊に及ひ候處三枚橋脇ゟ繰出居候賊兵は直に逃去し悉山内ゟ籠居黑門脇に楯を取双方擊合盛に候處大概晝三字時分黑門右脇土手より進軍引續正面よりも一時に踏入候處賊兵悉敗走山内にても少々つゝ處々にて防戰致候得共無難攻拔夕四字過止戰に相成山内寺院は惣て燒拂夫成各隊列を備

へ酒井邸ゟ歸陣致し候也
一六月十二日朝六時分奥州白河城之内石川街道番兵所々賊兵襲來にて四番隊と申談防戰に及ひ候處賊兵は左右之山岡ゟ登り頻りに發砲致し候處正面より大砲を掛右兩隊を以半隊つゝ左右岳ゟ繰出し三時程接戰有之終に賊兵悉敗走にて逃出し即正面并左右山岡より擊落し追擊十町程にて賊も散々に相成候故夫より兵を引纒め白川陣營へ引揚申候大凡晝八ッ過頃止戰相成候なり
一八月廿一日曉二字頃奥州二本松領之内玉之井村繰出し石莚と云所へ朝五字頃著陣致し候處ぼない(母成)峠砲臺無間故即長州兵先鋒に掛引續て兵具隊并に一番遊擊隊同道にて正面より攻擊に及ひ候處賊兵は少々小高岡へ砲臺を築き正面より掛候ては味方別て惡候故に右手谷川へ下り右手高き岡へ馳登り横矢擊候處正面よりは大砲も一同に掛る故一之砲臺丈は即散々に相成夫より續て正面よりも進擊二之砲臺へ攻擊に及ひ候處

暫時手強き防戰致し候故兵具隊と申談右岡より又々深谿に下り谷川を打渡夫成正面よりは地理惡く勿論廣野にて隱れも無き場所故砲臺右手を馳通り右脇より砲臺へ進擊に及ひ候處賊兵狼狽に及ひ悉敗走にて難なく是も攻拔縱橫追擊大概夕五字過ぼない峠關門涯に兵を引纏め止陣致し候也

一八月廿三日曉一字過會津領之內稻葉(猪苗代)城宿繰出し朝五字頃同拾六橋へ著陣卽三番隊番兵所迄繰込居候處早賊兵より發砲に及ひ戰爭相始候處直に賊兵敗走にて逃出し官軍一同本道より追擊候處所々砲臺等も築き居候得共防戰之都合にも立ち至らす同朝八字時分會城外壁迄進軍にて一番遊擊隊には大手門より攻擊に及ひ候處外壁門丈は無間攻拔き內壁城門前迄進擊に及ひ候處城壁間より頻りに賊兵發砲致し一時城門に踏入候ては餘計之兵を損亡致し候勢にて城壁に向攻擊致し居候處大概晝一字頃薩長土一小隊つゝ城之後へ爲如斥候隊繰出し城壁脇に川有之場所

にて右川を打渡り川向屯在之賊兵と戰居候折柄城中より俄に鎗隊百五十計り突出手強く接戰に及ひ候得共過半は打斃餘は悉く逃去候故餘り單兵を以進撃に及ひ候ては地理も惡く味方別て不都合に付夫成兵を引纏め大凡四字時分又々大手前に引揚今晩無間斷攻撃致し候也
右廿三日已後は遠攻にて一同番兵を張り降伏迄之間三十日程連戰致し候得共別段相變候て戰致し候て戰致し候儀無御座候
五月

一番遊撃隊

隊　長

監　軍

貳番遊撃隊

一正月四日晝七ッ半時分御臺所御門繰出し夜五ッ時分伏見御香之宮へ著吉井幸輔へ曳合同所へ一泊翌五日朝四ッ時分同所繰出し淀川筋押出小橋手前堤へ兵を伏せ會桑之賊兵と取合晝八ッ時分迄相戰其節戰兵佐藤堅助壹人手負左候而當夜者淀町ニ宿陣各隊申談番兵等差出置翌六日朝五ッ時分人數繰出し八幡山下淀川堤於陸戰臺場會桑新撰之賊兵と取合相戰候央賊兵八人と及太刀合賊兵不殘打取味方人數兒玉平次郎山澤鐵之進河野喜次郎東鄉次郎作手負本田謙介壹人手負無御座候夫より又々壹町計人數繰出し及銃戰候砌田中直次郎壹人戰死川崎休右衞門安藤直五郎手負左候而晝七ッ時分賊兵退散いたし候付臺場乘取候砌賊兵壹人西鄉小兵衞へ切掛候を銃鎗にて突貫き夫儘打留申候夫より直樣三番隊四番隊申談山手より橋本臺場迄人數繰出し候處賊兵悉退散いたし居候付當夜者同所ニ一泊其後取合無御座候

右之通御座候間此段申上候以上

正月六日

二番遊撃隊
監軍
伊集院直右衛門

○

二番遊撃隊　戦兵
佐藤堅助

一年貳拾三
右於淀川堤小橋手前去る五日會桑と砲戰之砌右乳之下より後ゟ打抜れ手負
一左之頬貳ヶ所
一右肩先壹ヶ所
但薄手
肩書同斷
山澤鐵之進
一年貳拾四

一額壹ヶ所薄手　肩書同斷
一年貳拾五　東郷次郎作
一左之頬壹ヶ所
　但深手
一年貳拾貳　兒玉平次郎
一左右之手之はら貳ヶ所薄手
一右額薄手壹ヶ所
一年貳拾貳　河野喜次郎
　右去る六日八幡山下於淀川堤會賊幷見廻八人之敵と及手詰戰候砌敵壹人も不殘打捕味方手負人數右通御座候
一年貳拾貳　安藤直五郎
　右前文同日八幡山下淀川堤於臺場會桑幷見廻と砲戰之砌左右之手之甲へ薄手貳ヶ所

一年貳拾四　　　　　　　　　　　　　川崎休右衛門
右於同所同斷之節左之肩先へ薄手壹ヶ所
一年貳拾五　　　　　　　　　　　　　田中直次郎
右同日於同所同斷之節鼻之下より首筋へ小銃にて打拔れ即死
右之通御座候間此段御届申上候以上
辰
正月十日
二番遊擊隊
隊長
大迫喜右衛門
監軍
伊集院直右衛門

二番遊擊

私一隊伏見鳥羽出軍人數從卒夫卒迄も姓名巨細取調且死傷者勿論戰場之情形も覺之儘可申出旨被仰渡左に申上候

去辰正月三日夕七ッ半時頃鳥羽伏見の方ニ相當り大火砲聲相聞得候付兼而承知之趣も有之即時淨福寺陣營より人數繰出本營ニ形行届申出候處直樣

御所御臺所御門警衛可致被仰渡御門内ニ警衛仕候處翌四日七時頃伏見之樣進軍可致旨被仰渡即刻竹田街道押出伏見ニ著差引吉井幸輔ニ引合當夜豐後橋邊諸所番兵等相勤翌五日朝六ッ半頃より淀川堤筋進擊同所小橋涯にて屢砲戰其節伍長佐藤賢助銃丸右乳の下より後ニ打貫手負然處賊小橋燒落し退散につき人數相圓め當夜同所ニ宿陣翌六日未明より人數繰出淀川押渡八幡道川堤ニ進み候處賊八幡山下諸所幷橋本臺場手前堤筋ニ臺場相構大小砲嚴しくうちかけ候付散隊にて追々堤筋進擊之刻賊芦中に伏居

不意に起り打かゝり候付隊中先驅之人數接戰賊八人をうちとり其節兵士山澤鐵之進左之頰二个所肩さき一个所兒玉平次郎右之頰一个所東郷次郎佐額一个所河野喜次郎左右の手幷額一个所手疵を負候一隊尙進而川堤臺場間近く詰めより砲戰數刻に相及ひ候其節兵士田中直次郎銃丸にて眼の下より後ゑ打ぬかれ即死伍長安藤直五郎左右手の甲兵士川崎休右衛門左の肩さきゑ手負然處賊追々退散につき惣勢一同臺場ゑ乘込候左候而銃藥等取調又山手より橋本臺場ゑ進擊の處疾に賊兵退散故同所ゑ宿陣同八日牧方驛まて進軍翌九日暮六ッ時より同所發軍陸地通行浪華城ゑおしつめ候處既に燒失賊退去故南御屋鋪ゑ人數繰入本營ゑ屆候同十九日播州姬路城ゑ可致進軍旨致承知海路押わたり同國明石まて著陣之處姬路降伏に付人數引あけ候樣被仰渡同廿一日兵庫まて引揚翌廿二日歸坂然處同二月二番遊擊隊之儀解隊被　仰付一隊人數都而餘隊ゑ被思召入關東出軍被　仰付候右形行別紙名書相添御屆申上候以上

但戰場餘隊進止之次第はそれ〳〵各隊より申出可相成候付私隊之形行迄申上候

巳二月四日

大迫喜右衞門

○

辰四月廿六日京都を發し閏四月十九日越後國高田へ著陣同廿七日官軍小出島鯨波兩所に戰ふ我遊擊隊は五月四日小千谷へ繰込同十日晝三時頃長岡領榎木峠に賊砲發付直に三佛生迄進發し連日の大雨信濃川の洪水渡る事不能故に又小千谷へ班し漸く當夜二字頃に信濃川を押渡り翌十一日黎明榎木峠に至る賊は右手の山に出て榎木峠の背面を襲はんとす依て我半隊は山手へ又半隊は本道と分配して進軍の處賊の斥候二人を打斃す尙進擊し本道の半隊も少しく山に據り進擊一同奮戰して遂に一ッの峠を追拂當夜此峠に固守と成り此時死傷七人死木村稲次郎久保

武七吉田喜右衛門傷高島鞆之助川上龍助町田小次郎柏原甚左衛門

一同十二日終日谷を隔て砲爭す此時國生六郎討死

一同十三日榎木峠より東南に當り金倉山へ會桑長岡歩兵等諸所要害へ據ひ砲臺を設け嚴敷防御す依て長藩相合し黎明より攻擊に及しか賊は諸砲臺より烈敷發砲防戰す味方は正面又横合より死尸を不顧一同勇進激戰し遂に四ケ所の砲臺を乘取り猶奮戰して賊の根居とする砲臺へ攻付しか要所の故抗衡嚴敷急に難攻拔頗る苦戰に相及尤攻るに利あらす地形にして無據繰引本の陣場へ繰揚たり此時死傷七人死宮內藤左衛門榊善之助有川彥太郎田中米右衛門堀添平左衛門傷長崎金兵衛大迫直心

一一昨十一日より三日の間連戰に一同疲勞に及ひ一先小千谷へ轉陣して休息を約せしの際木津幷山寺の兩所官軍手薄き由に付卽ち右ハ半隊つゝ進發し同十九日迄是を守る然るに天王寺村は高田幷須坂藩固守たり十九日晝三字頃賊同所へ放火して襲來砲聲す直に我一分隊を以是に救

應す賊は高地に據り發砲抗拒するに依り山手の下より横合に突出進擊せしに暫時は相支無程敗走追掃して本の木津へ班師す此時虜一人外に死傷も多分見ゆ

一十九日長岡落城廿日未明榎木峠の賊悉く四方へ散亂す長岡迄大斥候致したれと賊影たに見得す翌廿一日砂見村を守る廿二日には長岡領の内村松村へ繰出したれと賊は皆遁去し後にて是一人も不相見故廿三日小千谷の樣繰揚又廿五日には關原へ繰出したり

一同廿六日半隊は長岡へ繰出し廿七日には與板口官軍苦戰を報知し依て半隊は同日直に與板へ繰出し廿八日黎明同所城下に至る然るに鹽ノ入峠と云所鬪爭の旨を聞卽ち同所へ進發し長藩一小隊も共に又本道は長藩の砲隊及に飯山等の人數發向す然る處鹽ノ入峠の尾弁富山藩等の兵谷を隔て戰爭たり長兵及ひ我隊是に代て攻擊進入し少しく戰ひ烈しけれと勝敗一時に不相見故に谷を越し進擊して此賊を追拂はんとする時

本道の官軍敗れて苦戰たり依て賊は急襲與板城下に突入る勢ひ且は我持場鹽ノ入峠路道を絶ち迫るの旨を報知せり故に間道を經て與板城下へ踰ゆ然處賊は破竹の勢ひに乘し與板に迫る依之長藩一小隊は本與板口小高き山に據り防戰我半隊は信濃川堤原村にて一同決死奮戰の央與板は自燒混雜甚し此一晝夜烈戰也賊彈の達する事雨の如しといへと又味方勇進激戰して既に未明に及ひ遂に賊敗走す死骸彈藥等取捨金ケ崎等へ逃散したり此時死傷四人死和田乘左衞門田中道賢傷伊地知四郎谷山次兵衞

一六月朔日與板領の内信濃川堤中島へ繰出し砲臺を設け野陣を張る七月九日迄番兵たり川を隔て晝夜連戰砲聲耳に不絶

一同十日本與板口へ繰出十四日迄固守し是晝夜の連戰此間古川嘉右衞門十三日に深手

一同七月十五日長岡へ繰込み

一五月廿六日夕刻半隊は關原を發陣して同七ッ時分長岡へ著陣翌廿七日夜十字頃又見附宿ゟ繰出し一字頃著廿八日同所へ滯陣す
一同廿九日晝八時頃片桐村へ繰出然處田ゟ尻村邊ゟ賊徒屯集すと相聞直に進擊賊には纔一小隊位の兵故直樣追散し帶織村迄追擊して暫時同所に於て互に砲戰に及へり追々賊兵增加したる故頗る苦戰す味方應援兵なくして一同必死決戰したれと我半隊纔に二十人計也是を以て衆寡無益の應戰と相決し一往片桐村迄繰揚たり片桐邑梅田邑二ヶ所へ砲臺を設けて固守す追々賊は增兵加はりて屢襲來晝夜無透間發砲頻也我半隊を以て二ヶ所へ分布防戰三方へ敵を引受大に苦戰至極に及へり此時死傷死武元昌藏傷松山善之進樋口八太郎園田良助夫卒二人
一同晦日前日同斷にて死傷三人死本村彥二竹原佐一郎傷市來英之丞
一六月朔日賊多勢を以て片桐村梅田村兩處へ三方より迫る事頻り也依て十番半隊外城三番隊應援す然處杉澤村の官軍頗る苦戰の旨を報知せり

故に直に十番半隊は彼方へ救應たり片桐梅田の兩處は外城三番及ひ吾半隊を以て尙襲來の賊を終に掃攘する也

一同二日前日の通り又賊諸所より襲來し砲聲頻り也晝二字頃今町へ賊迫る遂に官軍敗るゝ然るに片桐梅田兩處へ又烈敷襲來す三日朝迄連戰の處本陣より下條村の樣各隊引揚の令を達す晝二字頃見附宿ゟ諸隊會軍浦佐道下條村兩道より下條村へ繰揚連戰の各隊故一先長岡ゟ休息の爲班師す

一同四日より七日迄吾半隊長岡へ滯陣

一同八日朝七時頃ゟ筒葉村戰場ゟ爲應援發向す外城三番隊持場難所にて苦戰の由に付其場へ馳向ふ當所は諸隊持場より二町程進み敵味方の中央殊に敵は三方へ請け輜重の運送不便なり此日格別打合も無之然處當時より四里程隔り森立峠の合戰困苦に及し故疾速救應すへき旨を達し則右へ發向し夕刻同所へ到著す早賊は悉く掃攘せし跡にて當夜十二字

頃長岡へ班師す

一同九日朝七字前日之通り筒葉村へ繰出し十一日迄晝夜の連戰たり同日筒葉村の內田野口勢一小隊を以守場ゟ賊迫る事屢也是へ吾半隊を以代り防戰して襲來の賊を拂ふ同廿二日肥後四郎兵衛深手同廿四日迄連日防戰然處に外城一番隊新手を以て之に代る依て我半隊長岡へ班師す

一同廿六日森立峠へ繰出し長藩と合兵して同廿九日迄之を守る

一七月朔日栃尾へ進擊十番隊及吾半隊加州一小隊等合し未明森立峠を繰出し一之具村迄進軍せしか山道幾路も間道有之吾半隊は不圖も栃尾本道ゟ進み然處山中諸處ゟ砲臺を設け賊手嚴しく防禦す依て急擊大音して一同馳込みしに賊敗走し遂に數ヶ所の砲臺乘取り荷比村迄追込しが村先にて又相支へ尙攻擊無程賊散亂せし也此時堀切休庵深手又右街道山手の賊は十番隊等掃攘す晝十二字頃荷比村へ各隊會軍して既に栃尾進擊の策を決し兩道より之に進み賊は高山に據り防戰す吾半隊は藥師

山と云險地に走登り砲發し時刻押移り一先一ノ貝村ゟ繰揚同十四日迄
同所へ滯陣番兵たり十五日番兵二番隊に代て長岡へ引擧半隊つゝ合し
て此時一小隊に結ふ

一七月十七日長岡發陣宮下一宿十八日柏崎ゟ著廿二日迄滯陣す廿三日二
字蒸氣船へ乘付夜半柏崎湊出帆廿四日佐渡國へ暫時滯船廿五日早天賊
の背後大夫濱ゟ乘込直樣上陸して四方へ斥候探索を出せしに賊一人も
不相見然も庄内家老歸路の處へ行逢直に是を斬殺し夫より二手に分れ
松ケ崎へは長藩及ひ外城一番等新發田口ゟは長藩及ひ吾遊擊隊等にて
相進み然るに新發田は無難降伏夜入頃同所城下へ繰込翌廿六日迄滯陣
せり

同廿六日敵情探索の上笹岡幷水原攻擊の軍議相決し水原ゟは藝州一小
隊明石一小隊及薩砲一門吾遊擊隊笹岡へは長州一小隊藝一小隊徵兵一
小隊新發田二小隊薩砲二門を以て當夜十二字四過に新發田を發し廿七

日未明水原より一里程手前中通山倉邊にて賊の斥候を追散し一人は打伏せ急に水原へ攻掛りしか驛口へ砲臺を設け稍暫く防戰すれと遂に攻破られ其儘追擊して市中へ突入賊營に迫る賊は市中諸所へ銃或は刀鎗を以向ふ者あり亦逃るもあり多くは射伏せ打伏せ遂に水原を破る死骸或は大小砲彈藥糧米等數多捨置保田口等へ悉く敗走す市中は賊過半放火せり然處笹岡ゟ進擊官軍も勝利を得夫より暫時は兩所滯陣して互に軍議に及ひぬ此時夫卒一人手負

一同廿九日分田へ繰込阿賀川堤へ進む然處賊川舟二艘を以て寄來る依て堤へ散開して埋伏し既に川岸に舟を著んとす透さす一齊砲發せしに賊悉く打斃さるゝ舟は川に沈み續て川向ふ賊川を渡る勢も無し故に水原迄繰揚く

一八月二日阿賀川堤の賊敗走大砲二門を捨津川越等へ走る

一同四日未明五泉へ進み賊一人も不見此日村松城攻擊の軍議を相決し晝

十一字頃本道よりは長州一小隊及ひ外城三番隊亦間道横合より長州一小隊及ひ吾遊撃隊を以て進撃す然處城下入口に砲臺を設け已に本道の方は大小砲打合ふに及ひ又間道の方は横合より小高山に登り横撃して急に城下へ突入然るに賊敗れて無程落城悉く會津沼越道へ敗走したり城は勿論城下多くは放火して灰燼となり尚沼越道を追撃せしか大砲等捨置散々に走る夕刻五泉へ班師す

一同六日新發田ゟ引揚同八日米澤口へ發向す然處梨木峠坪穴等に屯集之賊悉く追拂はれ既に米澤道へ敗走後に付同十一日又新發田へ班す廿一日松ヶ崎へ繰込然るに米澤口出張の官軍守場軍門ゟ米澤來り降伏九月十五日米澤城へ入る上之山及ひ山形も降伏同十九日上之山城へ入る當夜半頃舟町邊へ賊相見得候の旨を告報す即ち四小隊を繰出し廿日黎明最上川に戰ふ夫より追撃して白岩に至る依て應援の爲白岩ゟ發行す疾止戰也廿一日白岩を發して庄内清川口に進發して攻撃の策も已に相決

し清水驛迄廿五日押寄しが庄内重役兩人陣營に來り降伏謝罪の歎願書を捧る依て廿七日清川ㇾ進入夫より城下ㇾ繰込晝二字頃庄内城を請取る彼是御處置相付解兵を達し同廿九日庄内城下を發途十一月二日京師ㇾ出同廿八日凱陣する也

遊擊第三隊

三番遊擊隊去る三日より五日迄之戰爭攻口等之次第委敷取調形行書付を以可申出旨被仰渡趣承知仕左に申上候

一去る三日隊中在陣いたし候樣被仰渡候付用意爲致置候處夕方鳥羽街道幷伏見表へ兵火と見受候に付則人數相揃繰出六ッ過時分御邸御留守居方前ㇾ立付形行及御屆候處其場に相控居候樣被仰渡候付御差圖相待居候得共何之御達も無之夫故伏見表援兵之歎願いたし候處其通被　仰付

卽繰出竹田街道行軍いたし同夜九ッ時分伏見ゟ著陣之處最早戰爭後にて桃山ゟ滯陣仕申候

一四日朝六ッ半時分淀表ゟ出兵之賦にて行軍いたし伏見あわとの橋ゟ乘掛候處不圖も四方に殘兵相起り嚴敷及砲戰候付則辻々ゟ致散兵合戰最中之折和田乘左衞門淺手いたし一往爲引取夫より猶も嚴敷攻立候得共何分市中小路之戰にて速に退け兼候處より町家へ火を掛諸隊も四方より攻立候處九ッ時分敵兵も大概討退け候付一先兵隊引揚候上又々鳥羽街道攻掛尤鳥羽伏見之廣田ゟ散兵を以爲進殊に兵火煙霞に敵地も見通し兼候故田地之內村々森等は猶も致探索候得共敵兵も不見得間々歩兵體のもの見出し生捕或は討捨又は追退八ッ時分鳥羽街道寄せ掛候處最早敵兵も淀近く被追退味方は壹番隊纔七人位防戰之處ゟ此隊相掛り二手に分半隊は街道下手田地小高場所ゟ兵を伏覘打爲致半隊者道筋幷上手の竹山ゟ繰入數々防戰いたし候得共何分小銃計之事にて埒明兼候處

にて大砲隊ゟ催促を請ひ其内此隊迄を以嚴敷責立候處追々大砲隊并諸隊も駈付候氣に乘し先鋒にて追々敵地ゟ攻寄候處其時分橋口彥四郎も戰死に及ひ猶も敵地ゟ踏込嚴敷攻寄尤諸隊も相互に踏入實に苦戰之折指宿一二淺手いたし候付引取らせ猶又十分の銃爭には候得共何分街道一筋之處殊に夕方にも相成急速に難討退勿論此隊者長合戰及疲勞候間一旦兵粮等爲致度賦にて引揚候處夫より諸隊も合引に相成申候

一四日夜富森下田地ゟ散兵いたし同夜敵兵相待居候得共一戰も無之其儘滯陣にて翌五日朝六ッ半頃伏見表ゟ繰上諸隊一緒に淀表へ攻掛候樣致承知候得共砲聲烈敷候故沼內踏切り淀堤相掛候處最早合戰央之所先鋒に乘拔本鄉下邊にて烈敷決戰其折山口良之丞竪山半次郎廻平八深手いたし其後大河平宗之助戰死引續四本喜之助竪山卯一郎大山一二深手尤卯一郎儀は極々深手にて翌七日相果申候然處折々賊兵も致散走追打に掛候處殘兵六七人位劍鎗を以堤下より切掛候得共悉く打留八ッ半時分

には惣ゟ追ひ淀橋涯へ引揚御下知相待居候處連日之戰に差勞候付一先
京都へ歸陣致休息候樣承知仕候付同夜四ッ時分歸陣仕申候此段形行申
上候以上

辰二月六日

三番遊擊隊
小隊長
西千嘉
右同
監軍
高島鞆之助
鄕原左內

軍艦春日丸

一三月廿日諸艦甲鐵艦陽春艦丁卯艦と同く南部鍬ケ崎湊ヘ揃ひ碇泊之處同廿五日朝五字三十分頃忽然賊艦回天亞米利加の國旗を揚け湊内ヘ乘入直に日の丸旗號に變へ甲鐵艦ヘ襲掛大小砲連發則官軍の諸艦及運送船御國兵隊乘込よ り一同雨の如く小銃を發る處賊艦甲板上の彈藥を塡する能はさるや砲聲絶々にて後しさりに甲鐵艦を離れし故諸艦より彌砲發す當艦より大砲は五發終に賊艦湊外ヘ遁去り仍て諸艦速に逐擊の用意を爲し七時頃當艦湊を發す諸艦も續き發し遙に蒸汽二艘を見る一は十五六里一は八九里隔たるを追掛一艘の蒸汽僅二里程近寄りしに賊艦アシロット切迫の體にて方向を地方に變へ當艦十五六丁程の距離に追詰し處早海岸に乘上けたり仍て當艦より砲六發せしに最早乘組人數不殘上陸逃去り空艦の體に付暫見合る内甲鐵艦陽春艦續來砲發然後黑田了介幷弊藩村橋直衛池田次郎兵衛調所藤左衛門陸兵三十八餘を引率當艦より追討とし

て上陸す五字頃アシロットの火焚一人を生捕て歸艦す夫より直に運轉し回天を追ふ

水夫

傷 淺手 佐々木喜之助

一四月九日陸軍松前領乙部村に上陸早速進撃を始む甲鐵艦陽春艦春日艦丁卯艦爲應援江差村に廻り諸臺場に向砲七發の處賊更に不應最早逃去りたる體に付見合たる內陸兵も進入せしかとも敵なく不及戰爭

一同十七日海陸一同松前攻擊に一決し明四時五十五分當艦弘前領三厩を發し松前領江良町村に進む處賊兵二三百人大砲三門を押立同村迄繰出し居たり仍て直に砲發賊の横を擊つ賊狼狽す然るに味方陸軍のある所を分たす故に程能砲發し同村より一里餘り原口村の方に進艦の處陸軍より約定の號旗を押立けれは艦より蒸氣笛を以て之を答へ夫より陸軍追々松前の方に進入す當艦又江良町村沖に引返し賊の軍中に頻に砲發

す賊兵堪兼追々松前の方ゟ引退陸軍驅足にて追掛海陸共に追擊賊大砲二門を捨置散々に敗北す陸兵江良町村より半里程の所に止り休息す仍て當艦も砲發を止哨船より士官伊地知休八を以問合し處唯今進擊せしは長州德山備前の斥候隊出張の儘戰し也既に二三里も驅足にて追擊兵士皆勞暫時休息す追刻本隊續し上直に松前追擊の賦當艦應援可致樣申越夫より暫ありて官軍立石野臺場八九丁程の所迄押寄するや否哉諸艦一同繰打にて砲發す此時甲鐵陽春朝陽丁卯春日合艦す賊も砲臺を築き海陸ゟ砲發防戰す暫して官軍山手の方ゟ橫筋違に進擊賊の砲臺を我橫に見卸し砲發す賊不堪して終に散々に敗走す諸艦も城下の方へ廻り城中幷敗賊を橫に射擊す賊城中に止り不得吉岡福島の方ゟ落去夕刻官軍城下ゟ進入の旗見ゆるを以て砲發を止め伊地知休八東鄉平八郎兩人を以て陸軍ゟ問合しに賊は總て逃去及落城之趣承る但當日戰爭賊彈一發も艦に中らす當艦砲發凡九十五

一四月廿日三字頃諸艦三厩を發し松前領尻内村江赴木古内村沖に回天蟠龍を見受直に追掛函館湊外にて當艦より二十町程迄に近寄砲發賊艦不應全速力にて湊口江逃入暫して回天運動を止め砲發す當艦よりも砲發三十八何分湊口不案内にて充分乗入るに不至遠距離にて徒に彈藥費るを以休息回天蟠龍湊内江退艦せし故其儘引揚く

一四月廿四日七字各艦同く木古内沖を發し函館湊口江乗入富川臺場前通船の處賊より砲發仍て直に右江向ひ五六發應砲し湊内へ乗込第一回天江進撃せし處回天は勿論蟠龍千代田辨天崎臺場より大砲數十發故に尙賊艦を悉打碎へき格護(覺悟)にて及激戰といへとも湊内淺海なるを以充分に乗込運轉砲發出來兼不得止遠距離の打合差向戰爭の目算も無之三字三十分本艦より止砲之號令あるを以て各艦同泉澤沖江引揚當日砲發百六十八當艦江敵丸中る事三つ一丸は右舷車覆中央より打込左舷車覆中央を貫きテーガラフを碎一丸は右の方より中檣を貫き一丸は艫の方煙筒

より左舷の壁を打貫

機關者

傷 淺手 永田喜兵衛

一四月廿九日陸兵進擊爲應援曉二字三十分泉澤を發函館湊口に乘込五字四十分頃より陸兵矢不來臺場に掛り砲發を始賊又十五六ヶ所の臺場より一齊に大小砲打出當艦よりも各臺場に手繁砲發すと雖賊要所に據臺場も充分にて防戰す然れとも官軍奮鬪激戰七字頃終諸臺場を悉く乘取然に敗賊海陸兼備の臺場に大砲一門を架し追々と屯集砲發す當艦より亦頻に砲發の內百斤砲彈丸賊の砲門的宜之處に中ると見る內屯集賊兵狼狽逃去陸軍充分に進入夫より富川臺場に掛る十字十分同所海陸臺場一時に落去の內敗走の賊兵一小隊計り引返し同所海邊の臺場近く進來る依て砲發間もなく賊兵散亂陸軍直に追擊有川村に至る諸艦も止砲富川沖に漂居るの處賊艦千代田湊內より少々乘出すを以各艦湊の方に進

撃す賊艦速に奥湊江退き續き回天も同様乗出當艦より砲發の内一二發は達すと見る是亦同退く依て各艦止砲有川村沖江引揚く

一同夜甲鐵朝陽斥候當番之處明る五月朔日曉六字兩艦千代田形へ向て砲發するを以て直に有川沖を發し千代田形江進撃すと雖彼艦不應故に暫砲を止折柄甲鐵より哨船を下し彼艦へ乗入る處空艦なるを以て卽分捕し富川沖江乗越す翌二日賊艦江向て暫時砲發

一五月四日函館奥湊江進撃に決し八字三十八分諸艦同發甲鐵与當艦先鋒湊内江乗入回天江砲發四十餘甲鐵は淺海江乗掛け當艦は綱類張たる如きもの船足に懸り不審に思ふ内本艦より退旗を示すを以て引退く但水雷抔の風聞もあり且湊内不案内なる故遠距離打合十字止戰

一賊より海中江綱を張官艦を妨く旨函館之者追々注進す依て函館小林重吉船虎久丸水主之案内を知りたる者を當艦江召寄五月五日夜切拂の策申付同水主三次郎を始住吉丸子ノ日丸の水主を小船三艘にて差遣曉迄

探索せしかとも短夜にして不成翌六日夜再ひ命し當艦揖取二の方八十二乘組せ遣候處同夜二字頃迄に大綱二筋二ヶ所ゐ張たるを悉切除海路開けし旨歸報依て明日進擊に決す

一五月七日曉五字諸艦同有川沖を發甲鐵朝陽春日三艦は函館湊内ゐ進擊陽春丁卯二艦は臺場ゐ掛り六字八分より砲發を始む賊艦回天蟠龍弁に臺場より之に應し打出彈丸如雨賊の兩艦共兩舷の砲を片舷ゐ備頻に連發す味方大に難苦激烈奮鬪漸々進軍の處回天俄に陸地に向ひ忽淺瀨に乘上く仍て當艦直に奥湊ゐ乘入回天の艫の方ゐ近寄手繁砲發過半は達たるへし賊より亦散彈或は小銃を發す當艦之に應す然に賊艦の乘組海中ゐ飛入或は小船より逃去と見へ砲發も絕々に成る既に回天破れたるを見屆有川村沖ゐ引揚け諸船將衆議し陸兵と同く速に進擊を要す當日當艦ゐ賊丸を受る事十七八ヶ所我砲發百七十餘

死傷

軍監

淺手　傘井亮介

二等測量方士官

深手後死　和田彥兵衛

兵卒

淺手　山元善左衛門

楫取

深手　坂元吉左衛門

火焚

深手後死　村山貞助

水夫

卽死　三迫宗太郎

同

深手後死　上野太郎
水夫
深手　矢野平兵衛
同
同　山口熊次郎
同
同　遠矢半左衛門
同
同　馬場喜次郎
同
淺手　國生半袈裟

一五月十一日海陸同く攻擊曉三字より辨天崎臺場ゟ砲發運送船の陸兵裏

手より上陸する處賊小銃を發仍て爲應援進艦砲發す間もなく陸軍進擊するを以當艦轉して又臺場を攻擊然るに朝陽艦賊の蟠龍は打合の央朝陽燒破す蟠龍直に七重濱口の陸兵ゝ砲發す依て彼方危急と見受臺場を打捨蟠龍を攻擊奥湊ゝ追入れたり然るに不圖も淺海ゝ乘掛少し後すさりして砲發す甲鐵も追來共に臺場へも砲發復同く進み蟠龍へ近寄攻擊の處終に陸地に乘上けたると見ゝ乘組の者小船より逃去故に彌烈發の處臺場よりの一彈を水平下へ受水入懸念且砲器大損し砲發出來かたく火藥も乏敷を以て不得止砲發を止め引揚け繕をなす此趣本艦ゝ達す當日砲發二百八十餘

死傷

船將

淺手　赤塚源六

指揮官

同　伊東次右衛門

海岸案内松前藩

同　清瀬磋平

兵卒

深手後死　前田嘉七郎

旗手

深手　上床良吉

大工

深手於東京七月七日死亡　春口《日カ》傳助

右者函館屯集之賊徒追討當艦戰狀大略如斯御座候以上

巳八月

赤塚源六

軍艦乾行丸

一關東之賊徒爲
御親征近々
御發輦被　仰出候付乾行丸之儀兵庫ゟ可廻艦之旨被仰渡昨辰三月十八
日前之濱出艦左之人數乘組にて出軍被差出候

船將
　北郷主水
船將談合役指揮役兼務
　本田彌右衞門
指揮役砲銃掛
　沖直次郎
一等士官

橋口源右衛門

大砲打役玉薬方

八田善助

二等士官

毛利覺之丞

二等士官

山城新兵衛

三等士官

高木健吉郎

右同

市來喜納次

右同

伊東六郎

筆者取扱兼務
鮫島新之丞
醫師
坂元幽齋
英通辯信號旗掛
原田宗英
右之外水夫頭已下人員後に記す
一三月廿二日長崎江著製鐵所において諸要器を造調へ器具を買求て大略準備畢り四月朔日同所發艦同四日兵庫江著卽日本田彌右衛門沖直次郞陸路を急き翌五日朝大坂江著御邸幷小松玄蕃頭殿へ御屆申出候付出軍之方向期限等後命を竢つ
一閏四月五日三田尻邊江可廻艦旨伊勢殿より被仰渡且長州軍艦申合越後江同斷官軍應援之內命を受け同十二日兵庫を發し十四日三田尻江著長

州政府ゟ掛合役人ゟ應接萬事申談し長州よりは軍艦丁卯丸を出軍せしむるに決して長州と共に石炭運輸之事件を京師ゟ申出飛脚を立置て十五日に馬關に至り丁卯丸船將と商議し北海航行海軍進擊の諸號令信旗を定め猶碇泊して京師の報を待つ五月三日京師より石炭運輸は筑前藩ゟ被命たるとの報命伊勢殿より相達して待といへとも時日遷延するにより沖直次郎長藩士を同道して筑前福岡に至り催促して後彼藩大鵬丸より石炭積廻り候付兩艦ゟ積移し同十三日馬關を發し丁卯大鵬合て三艘類船

一五月十四日隱岐國目貫港に著同國一揆蜂起して會賊同逆云々の事兼て馬關にて說あり故に先つ是を討の評議にて村吏を呼て糺彈す因州藩士景山龍造等も亦來會當國元來雲州松江藩預にて置く所の藩吏貪邪にて國民苛政に不堪遂に面斥して吏を松江に逐ふに至る此時西園寺卿　朝政一新之布告ありて後更に雲州に不服より雲人私憤を以兵卒三百を渡

し來りて村民を威し猶不服輩役所に集合せるを砲銃を發擊して二十餘人を半は殺し或は縛して屋宇を破壞する等苛虐極れり依て雲州の長官隊長等を當艦に呼て其不法を詰責し死者の家屬を優卹し縛執の者を解き赦さしめ三百の兵士を今日中に引退けしむ等の處置畢て翌十五日當港を拔錨し三艘共に十六日夜越前敦賀江著す有川七之助へ會して軍務官より被相下候新潟開港夷船江說諭之書面を受け同十七日同所出艦十八日能州和(輪)島江掛り十九日同國蛸島江著して大鵬丸に會す五月廿一日越後今町江著艦

朝廷徽號菊ノ旗章を拜受す

一同廿二日市來喜納次義前以脚氣狀之病氣に有之夫以快氣之折から外に何之子細も無之候處斯日俄に積氣にても差詰候哉於部屋內不慮之大怪俄致深手にて養生不相叶死去候間當港陸寺江軍法之葬式にて相送り石塔建立致置候委細は其節御屆申上置候

一同日同國柏崎ゟ著到此時官軍長岡或は妙見寺を攻擊の央にて海岸の賊を討に遑あらす仍て書面を本營ゟ差出し丁卯丸と相議して出雲崎巳東の海岸を進擊の爲同航して柏崎を發す書面左之通

海路應援軍艦　乾行丸

右者長州軍艦丁卯丸同斷今日當所ゟ著艦仕畢然處寺泊邊ゟ會桑の賊兵屯集候旨承候付不失機會是より直樣出雲崎ゟ航行臨機之處置致度候付此段御屆申上候以上

薩州船將
北郷主水
船將次官
本田彌右衛門
指揮役

沖直次郎

一同廿四日出雲崎に至り加州高田兩藩此地を守により探索して賊の外輪蒸舶一艘寺泊に繋泊せるを聞く仍て兩軍艦を進るに賊舶蒸氣を立て洋外に向て遁逸せんの形あり乾行丸先に賊舶の艫先を遮り丁卯丸後路を絶つ勢を見て賊舶遂に退却す此際吾艦より發砲賊舶の傍近を彈射し試るに賊中檣に旗を揚く上赤下白其號章決して官軍に非るを確別して兩艦は大砲數門を連發す賊纔に大砲三發を乾行丸に向て彈射すれ共皆不達吾彈數發賊舶の外輪及船首に中て賊遂に沿渚の礁頭に船を乗揚け傾靠するに至て哨船より蟻集上陸し或は海を泳て遁逃するを見る仍て出雲崎の官軍を進めて陸路の賊兵を破り賊船を奪ふの策を議して丁卯丸を出雲崎の營に至らしむ吾艦より橋口源右衛門を同行せり此時吾艦は殘りて時々陸の賊營に向ひ砲擊す此邊海岸暗礁極て多く暴進するを得

す洋中の商船頭を吾艦に登せて水程を嚮せ初て近付事を得たり此夜同所の海岸を運轉し徹夜に至り賊營砲擊す廿五日朝丁卯丸再度歸到の折賊船中火焰電發し一時炸迸の勢に舶頭破裂せり依て官軍陸路の進擊を止む寺泊等の村民は一書を布告し猶賊徒に應せは再度來て玉石共に焚亡すへし云々の趣申殘廿六日柏崎を發して能州七尾港に到る此際連日航運石炭闕乏せるに依る也時に柳河の千別丸同港に來りて石炭を分積事を得て丁卯丸と同數廿九日に七尾を發して佐渡國小木港に到る諸軍艦碇泊の根據を定ん爲也是より先き本田彌右衞門には千別丸より長州の山田市之允と共に柏崎本營に行て戰略を會議し今日又此港に來會す當國舊幕吏の長中山修輔を吾艦に呼て會賊の情實形勢を聞き御征討の大旨を告諭す彼の寺泊にて擊破ける賊船は舊幕の順動丸にして賊等佐渡相川港におひて頃日横擊したるの事を始て詳にせり時に桑名の運送船あり丁卯丸と共に是を檢查し得て其宰吏を拘執し中山に託し入牢せ

しめ所載の兵器砲銃藥を沒收し水手等を助け置
一六月朔日小木港を發して丁卯丸と同艘越後國新潟に航行す沿海の地形を觀水程を測り此所の舊幕吏田中廉太郎に一封を贈りて招といへとも過日米澤の上杉に代りて此地を管轄せしむと云に託して不來前文所贈の書面左之通

北陸道官軍爲海路應援軍艦一隊奉
勅命今般此地ニ被差廻候專瀕海之土地人民鎭撫のために候仍て當新潟奉行之人地役人等之內今日到著之先鋒軍艦ニ早々出會候樣致度
勅諭之趣委細直談可申候已上
但陸上不熟知之道程順逆未判之土地故暫く細民之騷擾を慮り書面を以急々申進候事

御軍艦先鋒隊

新潟奉行所

諸役人ゟ

一同三日朝柏崎に到る丁卯丸も亦同し當地海上に碇泊兩軍艦共に石炭乏敷始終運輸不續海軍の困窘唯此一事なるを以兩艦と議して同月八日沖直次郎上陸晝夜兼行京師軍務官に到り此情狀を告しむ兩軍艦此際出雲崎邊に航行或は碇泊して戰期を待つに薪を以て石炭に換るといへとも遂に闕乏して不得止再ひ此地を發し六月十一日能州七尾に到り碇泊して艦の損部を繕營す丁卯丸も亦同來る吾艦滊罐の船底接著の部分焚焦して再ひ戰地に航すへからさるに至る仍て滯舶して修覆を加ふ此時越後口官軍連日苦戰にして海軍の聲援一日も備へずんはあるへからさるの形勢を薩長の陸營より兩軍艦に報知せり仍て會計するに兩艦殘餘の石炭相合すれは二三晝夜を支ふへしと商議し吾艦之石炭を不殘積移して丁卯丸は十七日當港を發せしめ柏崎に到らしむ同廿五日八田善助千別丸より雲州松江ゟ到る石炭を彼地より運採らん爲なり七月朔日沖直

次郎京師より歸艦同三日丁卯丸亦石炭乏敷七尾港に來る同十日沖直次郎毛利覺之丞急に柏崎に行乾行丸損壞の部分頻に修覆を加ふといへとも當所にて十分に成し得る事不能仍て長崎に到り成就して再ひ速に出艦せん事を言上之爲也書面左之通

御軍艦乾行丸之儀蒸氣鑵痛損之部分有之運轉難叶折柄石炭拂底に付能州七尾港は繫泊中故精々修造相加へ候得共船底要樞之所は致關係鹿兒島或長崎は不差廻候ては修覆調不申就者方今御征討中北海之形勢も不容易場合にて遺憾至極奉存候得共前文之次第不得止右兩所間は致廻艦速に堅牢再修之上出艦可仕奉存候付此段御屆申上候以上

七月十日

乾行丸船將
北郷主水

船將次官
本田彌右衞門
指揮役
沖直次郎
士官
毛利覺之丞

一七月十六日攝津丸柏崎より七尾に來る同艦大砲損し且銅砲等不良之製にて吾艦の大砲幷砲手數人を移載せん事を船將兼坂熊四郎より請ふ且本營判事よりも其趣相達せり仍て大砲四門彈藥を積移し同十九日士官以上水夫頭已下攝津艦ゟ移り乘り七尾港を發船する人員左之通

本田彌右衞門
山城新兵衞
高木健吉郎

伊東六郎
坂本幽齋
原田宗英

外に水夫頭華田源之助緒方熊次郎幷水夫等廿四人

一乾行丸には北郷主水橋口源右衛門鮫島新之丞三人居殘り水夫等數名を置く丁卯丸千別丸加州錫懐丸も同敷出船同廿日柏崎ゟいつれも著到す翌廿一日本田彌右衛門海軍參謀を被命廿三日新潟幷新發田を進擊の儀一決し薩長藝州秋月明石幷徵兵凡一千拾五人之兵を千別丸大鵬丸錫懐丸藝州の萬年丸四艘に乘せ攝津丸丁卯丸之兩軍艦を以嚮導護衛とし夜二更に柏崎を一同出船す此時沖直次郎毛利覺之丞攝津艦ゟ乘付廿四日佐渡國小木ゟ著港諸兵を陸上に糧食せしめ暮るを待て兩軍艦先つ發し諸船前後拔錨

一七月廿五日朝七字頃新發田領松ヶ崎沖ゟ著船午後に到諸船皆會す所牽

之漁舟より兵隊を卸し軍艦より空砲を發して勢聲を扶く諸兵陸揚陸進行之後兩軍艦新潟沖ぃ到り碇泊之夷舶貳艘に英商船ヒーロン同大坂と云

當港内ぃ賊兵屯集に付砲擊掃攘に及候間早々此所を可立退此事日本政府外國事務局より告示候様奉命候條此旨申諭候已上

七月廿五日

日本政府軍艦船將

右畢て又松ヶ崎ぃ到る今日新發田之賊徒官軍を迎へ降るに付兼て定議の如く一半の官兵を分ち新潟攻擊するにより廿六日薄暮兩軍艦又新潟海岸に到る夷舶猶繫在せるにより再度面接して此地を退しむ丁卯丸夜十二字に再松ヶ崎に到り官軍の諸蒸舶を護衛す攝津艦此夜一字頃より臺場と互に砲戰を始む暗夜目的分明ならす曉天に止砲

一同廿七日朝夷舶再來りて沖合に掛るといへとも砲臺との間彈道を避て碇泊せり晝八字頃より又砲戰を始む賊礮臺を凡一丁餘の距離に並へ設

て沙堤の內を鑿ち兵を潜め砲門を隱蔽し頻に發砲狙擊す吾艦も亦不絕砲擊するに賊の彈丸吾艦の左舷に中り水夫菊四郎か頭腦を射碎き右舷を洞穿す或は中檣の旗章を射落せり砲戰數刻にして暫く止砲し死人を水葬し食事に就き或此港輻湊之商船帆を揚て遁去る者多きにより哨船を以追留め是を檢查し疑故なきものは免し遣る時に丁卯丸松ヶ崎より來る又共に進んて砲戰を始む三字後大鵬丸來りて報知あり兩艦暫く止砲攝津丸は松ヶ崎に到る新發田降將溝口誠之進柏崎本營に參陣候付萬年丸に託する等の事あり今夜丁卯丸夜半迄砲擊し翌朝柏ヶ崎に會す同廿八日陸の官兵先日より新潟川を隔て賊と對壘すといへとも渡舟一艘もなく臺場前の海岸は沙洲遠淺にて軍艦迫り進む事を不得之處官軍舟を上流に獲て海陸一時に期を刻して攻擊一擧に襲破るの策を決し夜十二字兩軍艦を新潟に進む曉天より賊の燈火を標準とし發砲を始む陸路官軍も亦同し夜明けて賊の砲臺よりも頻に防戰發砲し吾艦の舳先を射

彈す此時吾艦の六十封度破裂せり七字後陸路放火の烟上るを見て官軍川を渉りたるを察し頻に兩艦より砲擊す此時千別丸柏崎より來る八田善助是に乘り雲州より歸り攝津艦に乘移り來る既にして賊兵大敗し濱手の方に潰走す砲臺の賊も亦不能守遂に砲を捨て奔るを兩艦より狙擊す暫して官軍の追兵を誤り擊ん事を慮て發砲を止め賊兵の夷船ゟ遁投を防ん爲兩艦を以夷船の周邊を周轉する事三四匝の後哨船を卸して砲臺の趾を檢査す賊悉く敗て一人も不居新潟始て收復するを得たり

一八月朔日應接相濟て夷船當港を出船す二日に到り風濤頻に起りて兩軍艦千別丸等も佐渡國へ避行碇泊同月九日新潟に到る此時乾行丸には能州七尾ゟ滯船いたし本營の下知を待の處同月十一日春日丸新潟ゟ著同船ゟ交代歸國いたし　太守樣御上京御用相勤候樣被仰渡候事

一同十二日攝津丸新潟出船して七尾に航行す本田彌右衞門には新潟民政局ゟ出席被　仰付上陸居殘り候付山城新兵衞には同局加勢且寺泊ゟ打

居への順動丸を長州艦と共に點檢の爲居殘る

一緒方熊次郎水夫榎並正八郎日高正助は彌右衞門に附屬し同斷其他之人數は八月十四日七尾港に著して乾行丸ゟ乘移る

但原田宗英には攝津艦夷人通辯之爲に同船將の依相談同艦に居殘る

委細は御屆申上置候

一八月十七日八田善助加州金澤に到る船中用金乏敷に付相談之爲に候同日沖直次郎陸路兼行して京師に上る右同斷之趣意也八月廿六日乾行丸能州七尾發九月七日長州福浦に著す滯舶中沖直次郎大坂より歸艦北鄕主水沖直次郎鮫島新之丞御修覆として東京ゟ廻艦すへき旨被仰渡外士官は都て陸路通行歸國いたし候御艦には十月廿一日橫須賀ゟ廻著いたし御修覆に取掛今に致滯船候

右者乾行丸出軍之次第取調申出候樣承知仕右之通大略書記差上申候

以上

巳六月

○

船將

北郷主水

指揮役

本田彌右衛門

士官

橋口源右衛門

第三等水夫總長

御小姓與

華田源之助

第一等水夫頭

生産方附士
緒方熊次郎
第二等水夫頭
生産方附士
杉村徳次郎
第二等水夫頭下取拂兼務
右同
川口熊助
第二等水夫頭下取締兼務
右同
河野辰次郎
第二等水夫頭にて
楫取

染川喜平太
第二等水夫頭にて
楫取
瀬戸口助太郎
第三等水夫頭
楫取勤
川添庄八
第三等水夫頭
楫取勤
柿内作之助
第一等楫取
橋口清太郎
第一等楫取

竹之内清治

第一等楫取
川口七次郎

同
榎並正八郎

同
日高庄助

同
前田十助

同
松元六太郎

第一等楫取
松元清之丞

第一等楯取
生産方附士
竹之下與兵衞
同
生産方附士
上床良吉
第二等楫取
生産方附士
山元善吉
第二等楫取
同
前田平次郎
同

松元孫次郎

同　益田清右衛門

同　波江野吉之助

同　廣田武兵衛

同　西田喜兵衛

同　橋口半之進

同　川添清之助

同
永田源太郎
同
櫨山仲次郎
同
岩下正次郎
同
坂本嘉之助
同
御小姓與
益滿休右衞門
第一等水夫
生產方附

川添清一郎

第一等水夫
生産方附

坂元末太郎

同

國生孫七

同

川添半之進

同

益満仲助

同

永瀬熊太郎

同

日高直助
第二等水夫
御雇
永田伊右衞門
第二等水夫
御雇
指宿金之進
同
横山喜八
同
海江田末吾
同
幸福丸にて手負死去

安田藤之進

同　藤崎直助

賄夫　熊次郎

同　佐助

同　岩助

同　新助

同　太郎

第三等水夫頭準船大工
串木野衆中
　兒玉藤太郎
病死
　松崎宗之進
有罪刑死
　藤崎清次郎
機關者總長
生產方附士
　久木田喜平次
機關者
　園田十兵衞
機關者

松元次郎左衞門

機關者

伊地知四郎

同

有罪刑死

中島半左衞門

機關者

田邊喜兵衞

火焚

古川十太郎

同

中村壽次

同

同　久永清右衛門

同　川俣清兵衛

同　田中爲吉

同　澁谷佐兵衛

同　崎山四郎助

同　杉山伊太郎

同　川井田伊太郎

火焚
遠矢勇助
同
木佐貫十次郎
同
竹之下金次郎
同
濱田直助
同
中村源次郎
同
堀切新左衞門
同

宮原淸助

同　竹下喜助

慶應出軍戰狀

本府

五

昨年早春以來致出軍候概略左に申上候

私事京都詰之内監軍被　仰付兵隊一緒に罷下直樣肥後其外へ御使者相勤致上京外方御用にて被召留然處去年正月三日晩景より伏見鳥羽口戰爭相始り當夜

御所ヽ御供にて翌未明より右兩所斥候役致承知炮戰中ヽ混入同五日には八番隊監軍にて淀邊より關戶臺場迄致進擊居候處御用有之急速致歸陣候樣承知夜寅ノ刻すき罷歸翌朝小荷駄奉行被　仰付卽刻より東寺邊迄差越種々手を廻し候處人足頭福島屋嘉兵衞名前の者尋當り則より夫卒引集淀口ヽ列越彈藥兵食等の運送は勿論諸分捕之大小砲兵器等邸中ヽ爲持運同九日大坂城進擊に付ても諸所ヽ漕迦居候川船五六拾艘致探索諸隊繰出致下坂候處疾城內の賊兵致退散居候故著陣東本願(寺)ヽ差入宿陣割立夫丸屯所等相定め手傳召仕諸所殘賊尋方旁手を付候處追々相分り且古來御出入之政田屋も寄來候故双方の人夫も許多相集尤金幣兵器之分捕は本營方へ差

出候樣との事にて連日過分の大小炮金錢乘馬に至迄悉差出米穀之儀は詰見聞役ゟ引渡戎服其外之雜物は御軍賦役立合人足共ゟ吳渡分捕馬の儀は拾疋餘相成寺內ゟ厩拵立致取始末將亦士持佐平太儀兵食方にて同所ゟ出張いたし居城中片付方被　仰付人足入用の由にて小荷駄方より曳まとめ置候夫方每日多人數差遣し然處同中旬比播州姬路城征伐として諸隊被差出候付兵食方の儀も兼務にて致出張候樣承夫丸曳列前晚より兵庫ゟ渡り宿陣幷賄方等諸手當之上翌日進擊道中筋都合いたし姬路ゟ出軍之處市中悉く逃去居候を漸五六人探出し兵食手當宿割旁萬事相調兵隊繰込候得共疾城門は備前より乘入居候付翌日は曳揚船手當にて歸陣いたし左候て同二月八日未明交代不差構早々致上京候樣飛脚到來豫め關東進擊承及居候故福島屋通夫六拾人餘其外戰爭入用の雜具取調陸行致上京候處御親征之一條相決山海兩道より諸兵致大擧候付是迄の役職にて肝付鄉右衛門ゟ示合差分り萬端軍用相辨候樣承知列々小荷駄方下目付小野彥兵衛

速水吉之丞書役新納宗之助付足輕恒吉宗太郎平山八太郎大工永峯袈裟五郎市來矢次郎幷御國土工夫三拾人福島屋通夫四拾人餘被召付則より旗旌合符桃灯其外日用の雑具は差當り所持の品取合軍旅の用度相調然に右左平太儀は兵粮方受持にて付足輕兩人被召付中仙道より差越候由承候付則より出軍中は勿論道中筋の手配篤と打合旗合印其餘の雑具取揃右宗之助江土工夫差添爲致附屬同十二日宿割兵食方萬事手當事の爲致出立且鄕右衞門方江通夫拾六人分配軍用金三千兩相請取同十三日諸隊の蹤跡江備立京都進軍前後致駈引同十七日大垣江著各隊滯陣に付前日立にて同十九日小野彥兵衞幷從屬引列繰出候處追々彼の邊の藩中共出掛居色々致取沙汰候内追日脫籍の徒猥狽或は不服の藩々路次を妨相抗し候抔區々の俗評有之候段相傳候故通行先の樣子窺求候爲近邑江捜索差廻し行々聞合信州藪原の驛江致著候處先驛下諏訪之儀は諸方の屯集にて致混雜且甲府筋より佐幕の浪士不日來襲又は方々軍配途中を遮候抔風聽喧敷（本ノマヽ）那宿陣等無他事

何篇不辨別之段立歸候者より申出夫形難捨置同夜丑刻時分より從卒兩人召列翌日申刻すき同所ゟ踏越候得共右體の巷說故驛中動搖町家過半逃去居用向急達不致處より飛札を以宿役人共呼集城下役筋ゟ書翰差出の上手當事爲相濟於同所京都表ゟ用金申遣猶道ゟ密聽差廻し同三月三日諸隊一緒に繰出同八日鴻ノ巢迄差越候處野州梁田村にて戰爭相始候段傳へ聞卽席引かへし同所の樣駈付中途四番隊人數へ出逢疾賊兵打拂致歸陣候趣承熊谷之驛迄出掛手負の用配且死亡は同所報恩寺ゟ致葬方置夫より武州板橋の驛ゟ著滯陣同廿一日足輕平山八太郞儀飛脚にて差立られ代古川源助相勤連夜忍廻等爲致候段々不審成者相捕諸所ゟ送付の儀も有之同四月十五日水道橋警衞として出兵に付兵粮焚出旁相兼夫卒引列出張同十八日諸隊の內二小隊野州筋ゟ進軍に付土工夫通夫混合差遣同廿日滯陣中都て繰出し其節伊勢仲左衞門儀最初の二小隊ゟ彈藥等持越候處より跡製作方兼務いたし候樣との事にて過分の大小砲預り同廿三日宇都宮城攻の節は炮

聲間近相成候處人馬共騷立持荷路頭ゟ投散し逃去近邊人家は大方相迦居候付無致方色々智術を設漸石橋の驛迄送越候處此所も明家勝尤繼人馬遠方より何歟と賺立或は抑へ付驛々差通勞果候上敵味方の炮聲夥敷忽四方へ致分散候故同所より銃藥其外運立候計策無之無據相滯早速より通夫土工夫共差廻し近郡の民戸且驛中の者共探方爲致段々策略に涉候央大垣兵食方より走越拔去の殘徒往還筋ゟ掛り落來り候付其心得可有之趣長州藩より致報告候旨案内且輜重兵も候はゝ防撃及依賴候段申越夜陰攻城の勝敗は不相分猶當夜の情態其通の氣勢は扱置既に賊兵相見得候抔注進いたし候者も有之處より諸荷物事變の致格護夫々手配相待居其内黎明より送出候手當種々相盡候處翌朝に相成彌勝利の實跡も相分追々引集候人夫ゟ運輸同廿四日城内ゟ繰入候處死傷不少病院取建方葬式祠堂料寺證文等の仕末無洩目相調隊中の用途相辨同閏四月廿九日本營一緒奥羽筋繰出翌日白坂の驛ゟ致著候處白川攻城の手負戰死驛中ゟ持込人足一人致混雜居外

に介抱いたし候者も不罷居剩其邊の家口敷付建具等取迦持去夫故食料は扱置諸物無之殊に雨降暗夜にて漸大垣の醫師一人尋付療治方相賴焚米は出陣先より取寄せ夜具類は近方在家より探出し翌朝付役人足等殘置白川迄致出張候處右左平太儀は手負人差引にて關東ゟ出立相究猶前日の戰沒埋葬方取掛候得共四面紛擾中にて寺院は勿論其邊土民迄も不能居候付追々宿僧共引戻し隣驛の宿場役人呼出し市間へ會所取仕建遠邇の郡村ゟ觸狀差出候得共夫方まとり兼候故蘆野烏山大田原幷諸支配所舊幕の給所同三家私領在近藩の巡邏村迄も綿密取調廻狀或は其藩の役筋ゟ書翰差出手廣達越候處累日農民共集來且同五月廿日不審成者入來候付則搦取及詰責候處會津よりの間諜にて元來强儀者謀書取拵官軍の營中ゟ忍入候姦計を設常に賊徒原ゟ屬し嚮導等いたし惡行重疊及露顯候處より本營ゟ相伴直樣殺戮捨札建付仙臺街道ゟ首級相曝し置其內數度賊兵押寄せ終に連日の戰爭に相成重創死倒日に增し相嵩み右に付葬式石塔建付醫院諸藩ゟ掛引

雜駁の用辨旁意外の繁雜相成候上軍用金は次第に相減役丁雇錢も難拂出夫故適々寄屯候者も追日及衰微重て金穀方出役俄に被免歸邑申來候故跡糧食方無之陣中殆んと困苦沸騰案外苛酷の命令に付長大垣土會談いたし評議を遂歸邑の布告押留候儀者勿論別々夫卒兵馬の差配一局取起の爲同六月五日四藩一緒に出立いたし總督府參謀大村益次郎ゟ取合數度談判に及候得共何然と熟論不相決軍用金拜借も辨別不致故　三條公ゟ致拜謁輜重餽餉幷貨幣の出入に至迄實場の細目具に訴出猶參謀ゟも再論の上芦野大田原烏山ゟ人馬方御當り有之宇都宮外三藩ゟ兵糧役改て被命且小銃彈藥幷拜借も申出通相濟候付致歸陣居然處兵食方始其餘の役所用金拂底困窮せしめ隨て營中一同ゟ掛り屢難澁右は元來追討總督ゟ金穀出納の權不被命東府よりの軍料行屆兼候より困厄成立進止不自由今形にては諸軍出擊も不相調題目之機會を取失候儀者素より外に出兵催促之儀有之且諸用向も追屯り其儘難差置本營ゟ相答長州ゟ掛合同七月八日再出立鎭臺府ゟ

差越情態巨細に陳述篤と致辯論候處出軍總督方ニ用心金御曳渡相成重て會計方兩人金穀致主宰候樣被命阿州兵繰出被　仰付左候て死傷之兵士ニ香奠養生料被下候付相請取用向片付罷歸同八月十五日白川口繰出其節夫丸も諸隊ニ配付置候得共追々敵地ニ差入泊驛毎に走逃呼狀等相認曳屯方時々及手數同十七日二本松ニ致著候處奥州平潟より小荷駄方にて谷村龍助差越居候付於同所吟味之上諸隊之受持を三分に割定め同人并右佐平太へ分つ此方ニ一分曳受肝付郷右衛門儀は白川滯陣中彈藥其外金策一件關東ニ差越夫形歸陣不致然に同廿日より會津攻擊として各隊進軍即日玉ノ井村より戰爭翌日は石莚村より戰出し賊兵潰散曳續山腹郊陵之難所を傳ひ野外之要害ニ設候三ケ所之砲臺急遽にして乘崩し兩日の即死手負三春表の樣差送當夜捧（母）成峠ニ會集いたし候處野間の陣營雨降殊に暗夜にて土地嶮易の方位も不分其上兵食方并荷物も不差續故纔に雨水を防き一粒も求る食物等無之過半無食にて終夜其儘イ居翌日午刻時分漸大原村にて農

家之黒米焚具等探集め其邊雜居之兵隊其外打寄飢餓を凌き伊(猪)苗代驛ニ著
同廿三日會津城下ニ乘入候處疾に戰酣追手の城門涯迄詰込激鬪奮爭飛丸縱横則より最寄に致陣取諸用件調達翌日は外堀取卷米穀分捕兵食方へ割配り内郭都而火を掛燒拂其后諸方の口々より各藩襲入積日之炮戰殊に東山之嶮ニ砲臺築造陣屋打並へ大砲曳上け城内を瞰射し其外固の場持口よりも同斷且番兵交替毎に時々曳直取繕旁間繁く左候而數日之手負は三春ニ同樣差送小荷駄方之内より兩人曳分出張死失之兵士は市街之寺院ニ致埋葬墳石築立迄之間假に塚木建付置然處九月九日夜戌之刻時分より町間出火風勢烈敷全體茅家勝にて忽火根熾に相成諸方ニ燃渡り城壁よりは榴彈連射中々難凌本營小荷駄方製作方既に危く荷物取片付早速夫丸も差廻し諸所手配精々爲働候處右之居は漸防留め四方灰燼迅速之間に家口三百餘軒燒亡其内敵兵出沒數度敗走勝にて日を送候處賊勢次第に相衰へ終に
同廿二日城地相渡兵器差出容保父子降伏右に付總軍一同炮發を留め番兵

を曳拂銘々宿陣ゟ曳取候左候て同廿四日兵隊曳揚に付ては出張の會計方ゟ示談兵粮役付添之次第幷路用辨達猶三春二本松も諸首尾曳結荷物取片付之爲致人配白川ゟ出著同所迄用金之儀時々右左平太方ゟ差續當驛之會計方ゟ計ひ東武迄の宿々賄方追拂之致都合寄人足は人馬役ゟ曳渡夫より宿割旁仕廻立千住之驛其外ゟ繰入同十月十一日總督ゟ御用にて縮緬一疋拜領被　仰付左候て則より兵士戎服料仕廻料等隊中ゟ配當東海道人足雇錢旅込拂は總督府ゟ願書差出相請取滯宿中之賄は追拂方より搆受候樣取計道中前後諸捌として兩人前日立相究め總人數之荷物は大概著類等に至迄致船積候賦にて藝州船相究り留守居方曳受之段本營より承候付小荷駄方之内大野善之進ゟ付役一人差添病中之者共乘せ付疾攝海ゟ差廻置候賦にて内十月十六日より十八日に掛皆同出立凱陣其節私儀は總督府ゟ掛曳之取扱は勿論殘用之首尾合有之立殘直樣内田仲之助方ゟ出船之都合曳合候處彼船同藩より斷申出約諾及相違別に周旋之術も無之故三邦丸より積

贈候樣可取計との事に付案內之相違重而承合候處彌修覆隙取及遲間候模樣にて隊中差當り時寒之難澁差見得候處より種々配慮手を廻し致探索候央御國乾行丸著港之段相聞得夜通し右善之進差越候得共是以取繕長引無致方城內ニ出掛蒸氣艦掛益田虎之助ニ依賴及談話候處折節阿州船品海ニ致著京都送之荷物且兵士乘付も有之候得共何分乘頭ニ曳合候樣との事故早々尋方之上同藩山本格次郎森甚太夫ニ取合巨細演舌篤と熟談相遂け再度虎之助ニ面調右兩人復答之趣致辯述候處別段之評議を以總督方荷物曳殘阿州兵士陸行ニ振向滯居候荷物御差送給候段承知早速積荷取片付差急き出船取計置且又於出軍先拜借軍用金幷小銃彈藥之儀前條大村益次郎方ニ差越相伺候趣有之候處薩長二藩之儀は別段吉井幸輔右益次郎ニ京都於軍務官に被仰渡候趣有之此度之會計に付ては諸首尾總書其外萬篇右兩人ニ曳合候樣有之度新參之役筋ニ應答致駈曳候ては却而趣意違之儀到來不都合は案中故前後之諸始末會而差急に不及尤彈藥求之金筋は最初より被

下切其餘之貨幣銃器等內實は下賜候儀にて其通心得居候ゟ可然候得共右者手廣致關係候譯柄も有之暫時拜借之名目難被除且又病院諸入目之儀も朝廷より御構相成候との事にて右者取調之上書附を以申出置候處金子之儀は追ゟ留守居方ゟ被引渡候段承置兩京之公用人方幷其節之議政所ゟ書面を以委細之屆申出其後滯京被仰渡出軍中之諸帳面細撰綿密總建京都會計方ゟ差出其內外御用にて致下坂候儀も有之然處同所軍務官より是迄拜借之小銃速々致返上候樣廻達有之猶前條益次郎儀は東武ゟ被召留候段議政所より承知意外之御當りに付卽日彼官中之役々ゟ引合右益次郎より承置候譯筋細々及演舌候得共彼方も繁々勤役轉變事柄不連續にて趣意致連綴候役目無之致混雜居其上右幸輔相尋候得共居先分兼存通早辨不致處より海江田武二ゟ取合談話相遂候處岩倉殿ゟ直訴之上猶出軍先之儀は趣意通可取計段承屆其段も形行申出候其他三春大病院出張之西大路藩ゟ掛合之首尾後れ有之度々同所屋敷ゟ差越候得共事不辨別故東京迄飛翰差出復

札待受相請取就ゟは此節之儀始より事多端にて第一人馬方并宿割川越し作事方金錢出納或は兵食方を兼醫院を構其上滯陣之節々は生捕賄獄屋番且山野之樹木を索め連夜篝焚其内敵間之動靜も爲窺夜廻等も爲致候得者始終事繁く夫故歸陣之上も色々之取扱相生し追々之諸首尾差重り惣曳結意外に長引當三月廿一日歸府仕候

右者去年正月三日以來戰爭之形行申出候樣致承知右之通御座候以上

明治二年己巳七月

樺山休兵衞

付足輕

恒吉宗太郎

平山八太郎

古川源助

大工

永峰袈裟五郎

市來矢次郎

右宗太郎八太郎大工兩人儀去年二月關東進軍に付被召付同十三日京都出立中途荷物才領且宿割旁取捌爲致武州板橋滯陣中右八太郎儀者飛脚にて被差立代古川源助被　仰付繰廻にて連夜巡邏等爲致候處追々不審成探出し且兼て人足共之諸締申付宗太郎儀は算用方にも召仕左候而四月廿日野州筋繰出候節も過分の彈藥大小砲其外之荷物警護前後差引等爲致宇都宮ニ著之後は大工共一緒に諸取扱申付戰死葬式石塔建方等へ相掛候品物製作且諸所陣屋打砲臺拵等時々差配奥州白坂にては手負死亡驛中へ持込人足一人相付居候迄に付則より夜通し介抱養生旁之用途相辨白川ニ著其後小荷駄方下目付小野彥兵衛速水吉之丞へ相付兩度手負差引として横濱へ差越於道中も療養日夜骨折過分之繼人馬仕建方旁致辨用歸著之上も日夜雜駁之致取捌會津より東京ニ兵隊曳揚京都ニ歸陣に付ても跡首尾後之御

用有之引殘り同十一月下旬京地ゟ差越袈裟五郎儀は會津表より三春病院
方人數支に付差遣置源助儀は白川より東武ゟ召列御用筋萬事召仕同六月
廿四日棚倉ゟ兵隊進擊に付小荷駄方兼務にて土持左平太差越候處より同
人幷右矢次郎混と召付差遣申候

御作事夫

中西十郎左衛門
下人 金　助

上原善四郎
下人 市太郎

和田清右衛門
下人 與四郎

松崎仁右衛門
下人 龍右衛門

土工夫

川邊之
善四郎
武村之
傳太郎
郡元之
五郎助
比志島之
金助
山崎之
清太郎
市來之
與助

右者武州板橋之驛滯陣後追々二番砲隊ニ差配召付置候處右市太郎儀二本松戰爭之折致手負申候

犬迫之

三　　太

右同斷二番砲隊ニ差配置候處野州岩井之驛戰爭之節砲丸ニ當り致即死申候

御作事夫

久保源之丞
下人
喜　次　郎

土工夫

加世田之

林　左　衛　門

川邊之

三太郎

右者板橋滯陣以後五番隊ゟ配付置申候

御作事夫

本城仲右衛門

下人

十太郎

右同斷五番隊ゟ召付置候處去年八月致病死申候

土工夫

北郷良馬

下人

次郎

樋脇之

嘉右衛門

右同斷四番隊ゟ召付置申候

御作事夫

伊集院源五

下人 長次郎

有川小之丞

下人 休太郎

高崎七右衛門

下人 新太郎

大脇彌五右衛門

下人 芳太郎

國分藤次郎

下人 與助

土工夫

川邊之

伊右衛門

都城之
武吉

谷山之
次郎助

右者奥州棚倉進撃之節より土持左平太方に召付置候處次郎助儀岩井驛之戰爭之折致手負申候

土工夫
皆吉氏
下人
幸之助

右者は本營に召付置候處野州宇都宮戰爭之折致手負申候

御作事夫
野村清兵衞
下人
金四郎

寺山源右衛門
下人
次郎助
伊勢十兵衛
下人
金四郎
土工夫
阿多之
勇助
郡元之
小次郎
芝田町之
仲助
平助
右者京都より召列帰陣迄之間小荷駄方に召仕置申候処右平助儀宇都宮戦

爭之節致手負當分京都ニ罷居申候

右書之通にて去年二月關東進軍に付夫丸曳圓め東山道筋荷宰領亦は擔方等爲致諸所戰爭之折も何色に不依晝夜召仕第一出陣先砲臺築造陣屋打戰死埋葬等に至或は滯陣之時篝火焚夜廻等爲致尤會津におひて出火之節は一涯相働戰爭中骨折いたし正道相勤申候

〇

東山道奥羽出軍一列歸陣之人數始伏見戰爭等致關係候初中後之形行可申上旨致承知左に申上候

私儀御軍賦役にて番兵監軍被　仰付去る卯八月致上京候處無程兵糧方へ被掛置混と相勤罷在依て伏見戰爭之砌者東寺におひて兵糧焚出時々兵隊へ差續漸々賊敗軍勢ひに乘し味方進擊に列し上鳥羽より淀城下へも出張兵粮焚出者勿論手負戰死人等病院へ送越候旁之手配等御雇之福島屋夫召仕致都合夫より浪華城進擊下坂卽日番兵半隊曳列長藩同斷二

藩より城地請取其後同藩相倶燒土之城槨器械等取始末可致旨承知いたし百人餘之雇夫召列連日數出會左候而西本願寺へ兵糧召立られ京都見聞役土橋休之進三島仲之丞其折下坂に付曳合双方致兼務相勤候處同二月關東　御親征被仰出候付城地幷兵糧方取始末方之儀者大坂詰見聞役へ次渡置致登京候處東山道小荷駄奉行被　仰付繼人馬宿割爲旁新納宗之助速水吉之丞附役有川金之進松元惣左衛門大工市來彌二郎土工夫等行列同十二日京師發し東山道通行三月十一日江戸板橋へ致著追々跡小荷駄方製作方樺山休兵衛伊勢仲左衛門小野兵衛已下從卒致到著同宿滯陣に候處野州表進擊相發し右人數相倶四月廿日板橋より繰出同日幸手驛泊にて翌日間々田驛へ一泊廿三日宇都宮戰爭之節者中路に小荷駄を押へ繼人馬幷彈藥兵糧旁之致差曳小山宿へ當日在陣既味方宇都宮城乘取候場に至り入城則より戰死手負人取置旁諸事致都合夫形滯陣に及ひ候處閏四月廿一日野州大田原へ進軍に付新納宗之助附役有川金之進古

川源介大工市來彌次郎土工夫福島屋夫等召連致出軍同日喜連川泊にて翌廿二日行軍大田原へ一泊同二十三日曉天大田原より發軍蘆野關屋と云ふに屯集せし賊を襲ふ此時賊徒戰慄して山岳を越し俄に離散少々擊取有之而已にして同日大田原へ歸陣之處四番隊其他長大垣之兵白川城攻之注進に依り同廿五日曉天大田原發白坂迄出軍候場合双方相曳して芦野宿迄引揚戰死手負等每之通致取置對陣に及ひ候處五月朔日再白川城攻有之官軍得勝利城地乘取候機會に至り敵味方死傷手負不少然に手負上下三十人餘橫濱大病院迄被差送右爲送護同五日白川出立諸所通行同十六日橫濱へ著則病院へ曳渡夫より江戶御屋敷へ出張彈藥等相請取送越候樣致承達同廿六日關東發六月朔日白川へ歸陣其後白川へ東海道出軍之人數追々繰込相成六月廿四日二番隊四番隊其外藩一同棚倉城攻に付出軍新納宗之助附役有川金之進古川源介已下土工被召連器械方兼出兵當日賊城を自燒して落去に及ひ翌廿五日釜之子陣屋へ追擊相成候

處最早退散跡にて又々兵を引揚棚倉城市に在陣七月廿四日棚倉發三春之城に向ふ於爰城主軍門に降伏屢歎願有之一戰に不及して陥入候當日岩木（城）平表より海軍隊同所に繰入同廿八日三春を立本宮驛に致一泊同廿九日惣勢合して二本松城を攻擊に賊明城して散亂終に城を乘取尤戰死手負人等數多有之味方之死體者卽日三春之寺地に送護諸事致手配在陣相成候後白川滯在之各隊追々繰入尤小荷駄方同斷にて八月廿日官軍惣勢二本松發軍玉ノ井村に繰出し候當日賊玉ノ井後手に少々屯集いたし候處せり合無程賊退散味方兩三人手負有之則三春病院に差送置候同廿一日ばうなり（母成）峠と云ふ難場にて合戰烈敷其場手負等も有之右者三春病院へ送越候て致都合當夜峠を越し致野宿同廿二日猪苗代に一泊同廿三日官軍爭ひ進んて若松城下に突入闘爭烈敷晝夜及連戰候折柄味方之戰死手負等有之時々致假埋旁候儀有之左候而九月廿二日城主降伏謝罪之歎願書差出相成候處同廿三日には東山道出軍之人數凱陣相成毎隊兩日

立にて江戸小塚原に滯留同驛より東海道行列小荷駄奉行肝付郷右衛門宿割旁として差越樺山休兵衛儀者御用有之由にて東寺へ被召殘候付大病院より手負又者自病人等看病方として九十人餘被召付新納宗之助附役有川金之進兩人にて附添各隊人馬幷旅込拂差引十月十六日小塚原出立東海道致通行十一月十五日京著之處御用有之主殿殿より滯京被　仰付置御用濟之上十二月十五日御暇にて下坂同廿七日小倉船より罷下候處海上順風不宜德嶺より揚陸夫より九州路通行正月廿八日著仕申候

○

本御兵具所　筆者

新納宗之助

右去々卯十一月小荷駄奉行折田要藏へ被召附致上京伏見戰爭之砌者職掌に付小荷駄方にて彈藥幷兵粮運送旁之儀士工夫へ致差曳相勤其後東山道小荷駄方被　仰付始二月十二日私一列にて人馬宿割として諸隊よ

り前日立にて驛々踏越諸事致都合三月十一日江戶板橋へ到著追々跡小荷駄方致著同宿滯在罷在始四月廿三日宇都宮戰爭之節者一局相倶出軍仕在陣に候處閏四月廿一日大田原領素須原關屋之賊徒進擊有之其時局中分隊且器械方迄も兼務にて繼人馬幷兵粮運送者勿論戰死手負人等之所置振諸事致關係就中白川城攻之節者中軍後備に小荷駄を押候處段々手負相增既砲車之脇小銃手薄相見得候處より不得止致砲擊夫而已ならす味方砲臺を拔き既城下に突入候場合賊三人取合致太刀打當敵三人擊斃候儀共有之就ては進軍之節々中軍に小荷駄相付白川より棚倉城迄者器械方兼致出軍候處棚倉在陣中伊勢仲左衛門參陣に付三春二本松進擊之節より兵器等仲左衛門へ曳渡夫迄之間惣而軍事之儀致關係勿論賊地原運送之人夫仕方別而令心配於戰場も死體曳揚或病院にて藥喰等之手配いたし寺地葬埋方等に至り晝夜苦勞左候而江戶大病院入之病人最初者三十人餘も有之驛々自病差起差殘置候面々大凡上下九十人に相及候

を惣而曳受人馬幷飯代迄も大拂にて通行上京に付ても始出軍以來凱陣迄之間初中後別而骨折仕候

御作事方
下目付
鎌田清太

右去々卯十月小荷駄奉行肝付郷右衞門へ被召附致上京伏見戰爭之砌者人夫差曳いたし職掌相勤其後關東進軍に付東海道行軍にて六月中旬在京出兵各隊白川へ繰入相成候節出軍白川へ在陣之處既に三春城陷入二本松へ發軍に及ひ候場合私共新納宗之助兩人繁雜之趣に依り本營へ宿陣之節駈來夫より相倶二本松へ出軍當城攻之節味方之手負人岩木平病院へ被差送候付中途看病方として附添二本松より岩木平へ差越夫より又々二本松へ歸陣いたし八月廿日同所發會津城攻に付倶々出軍夫より凱陣に臨み若松發江戸小塚原より上京迄之間一列に致著京候處十二月

初旬御暇にて大工夫等差引にて罷下候

御兵具方
御雇足輕
有川金之進

一右者去々卯二月致上京兵粮方付役にて御春屋役方へ混と相勤依ゟ伏見戰爭之節者兵粮焚出專らとし晝夜相働き且去二月關東出軍に付東山道小荷駄方兵粮方付役名目にて私へ被召附依之兵粮方は勿論中途人馬繼いたし尤敵地におひては彼等之形勢致探索等時々情實申出候儀も有之且戰場にて即死手負等有之候節々取置方等諸事致都合左候ゟ五月五日白川攻に付各隊之手負人横濱病院へ被差送候節送護夫より再ひ白川へ出軍同所より若松城攻之期に至り數度戰場に出別ゟ致骨折初中後私へ附添凱陣に付上京仕候處御用濟之上御暇相成新納宗之助等一列被差立
正月廿八日罷下候

御兵具方
足輕
松元惣左衞門

一　右去々卯十月致上京諸鄕兵隊付役にて罷在候處伏見戰爭之砌出軍關東進軍之節小荷駄方付役有川金之進兩人私へ被召付江戸板橋より野州宇都宮迄者召連候得共野州大田原進擊之砌樺山休兵衞へ附添宇都宮へ滯在に付同所より當人へ曳離し候付其後精粗之譯更に相分不申候

御兵具方
足輕
古川源介

一　右去三月初江戸板橋滯在之砌京都よりの御用封持參仕其折小荷駄方附役被　仰付宇都宮進軍之節より有川金之進混と附役相勤候處八月廿日二本松發軍會津街道玉ノ井村にて賊徒屯集之場に寄せ及戰爭終に負手

疵則同所より三春病院迄差送夫より東京大病院へ被入置十月十六日諸隊手負一緒に召連上京仕十一月初蒸氣船より被差下候

島津仲家來

御作事方大工

市來彌二郎

一　右去々卯十一月致上京伏見戰爭之節者小荷駄方におひて軍器等臨時之御用物造作被　仰付將又去月十二日東山道小荷駄方付大工被　仰付召列候處野州諸所於戰場軍用之器械又者戰死手負人葬式等之用具時々出來且五月一日白川城攻之節致砲合終に太刀打迄もいたし當敵一人擊取候儀共有之就而は始より凱陣之期に至迄戰爭中混と附添若松より東京東海道驛々病院方醫師相倶驛々手負人等宿割として一日先に差立上京仕候處御用濟之上大工一緒に鎌田清太召連罷下候

伊集院源五下人

一
御作事方主取之
土工夫
長次郎

一
有川才之丞下人
土工夫
休太郎

一
高崎七右衛門家來
右同
新太郎

一
國分藤十郎家來
右同
與助

大脇彌五衛門家來

一　右同
芳太郎

一　都之城町夫主取
　　土工夫
武吉

一　川邊之
伊右衛門

一　樋脇之
嘉右衛門

右八人儀者去々卯十一月折田要藏肝付郷右衛門方へ被召付土工夫にて致上京伏見戰爭之砌者各隊彈藥又者兵粮運送等臨時之御用相勤去二月東山道出軍之節私へ被召付關東より野奥諸所戰爭之砌彈藥持運ひ或者實場にて手負人曳揚致介抱死體取置等彼是致都合尤敵地におひて兵隊

番兵小屋掛方惣ゟ曳受夫而已ならす兵火等之節々消方迄もいたし候儀有之就ゟ者出軍より凱陣に至迄初中後正道相勤罷在上京仕候處御暇相成長次郎休太郎新太郎與助芳太郎武吉嘉右衛門七人儀者去十一月中旬鎌田清太へ被召付罷下候伊右衛門儀者新納宗之助へ相附私一列に正月廿八日罷下候

入來之
土工夫兵粮焚方
作右衛門

一
右去々卯二月上京被　仰付兵粮方焚夫被　仰付二本松御屋敷御春屋役方へ混と詰切致焚出依ゟ伏見戰爭之節者夜白致焚出去二月東山道出軍に付兵粮方主取夫にて出兵被　仰付始より私へ被召附越候處右外土工夫同樣諸事相働凱陣に付上京仕候處御暇にて私へ被召附正月廿八日罷下候

一　　　　　　　　　　　　　　　　　　　　　　谷山之

次郎助

右次郎助儀者去々卯十一月致上京伏見戰爭之節は外土工夫同樣相勤罷在候處去四月廿日野州岩井宿にて戰爭之節二番大砲隊付土工夫にて致出軍候處戰場にゐ砲車に付添行列相進み候場合之處右之腕へ彈丸あたり無爲方其場曳取後日江戸大病院へ被入置候處追日快方に成立五月中旬横濱を立又々白川表迄致出兵勿論其節迄者疵口平愈不致候得共則よ り私へ相付棚倉より三春二本松若松進擊之時外土工夫相倶に勵合相働き凱陣に付上京仕候處御暇にて作右衞門一同に罷下候併右腕骨筋へ玉疵有之迚も全快者不仕候得共精々養生相加置候

一　　　　　　　　　　　　　　　　　　　　　　犬迫村之

三太

右三太儀は始土工夫にて外々一緒に上京被　仰付江戸板橋驛迄私召連

候四月廿日野州表岩井宿にて戰爭之砌右次郎助倶々二番砲車夫丸にて
致出兵候處賊之砲丸にあたり首を擊抜れ實場に卽死仕候

皆吉九平太家來
町夫土工之
幸之助

右幸之助儀始町夫にて去々十一月致上京候處小荷駄方土工夫に被召入
置去二月東山道出軍之節私へ被召附置候處江戸於板橋宿て本營方夫丸
へ被入置候處宇都宮戰爭之節種子田左門從卒にて致出軍主人勇戰いた
す場合自身致砲發實場において屢相働き終に足へ致砲疵を受歩行難成
して其場を曳き後日橫濱大病院に被入置候處漸々快方に相向き候より
五月中旬再ひ白川へ致出兵又々本營方夫にて右次郎助同樣諸所致進擊
凱陣に至迄正道相働き去十一月末罷下候

右通御座候以上

巳三月

○　　　　　　　　　　土持佐平太

私事越後口出軍江被召付機械方にて機師二人幷鍛冶一人集成館人足兩人召列久留米御借入艦千歳丸より辰八月朔日前之濱致發機同七日下之關沖にて機械相損鑄造方いたし度船將より申出候間長州出張役々江致談判於長府鑄物師方江晝夜相詰致差圖出來相成同十六日十字比馬關港發機同廿二日越後國新潟港著艦之處兵隊之儀は最早秋田江爲應援出軍故同國松ヶ崎江滯陣同廿五日御軍艦春日丸ゟ秋田表江可被差越旨致承知同日八字比致發機庄内領海岸江通機の砲發有之翌廿六日七字秋田港著艦上陸城下より十三里餘神宮寺と申驛江官軍本營被召建澤殿御詰に付著陣之屆申出それより於同斷機械所取仕建銃砲損物等取繕爲致居候處同九月八日晩景五字比秋田城下近く賊徒襲入之段報知有之薩州之五小隊半隊つゝ神宮寺引

揚に相成豊島驛にて迎戰相成之筋人馬奉行福山清藏儀は同所ニ相殘り私は右分隊ニ被召付人馬方大小荷駄幷彈藥機械致主宰候樣承り同日夜十字比同所進發中途驛々ニ彈藥機械等込置候間すへて豊島本陣ニ繰込混と本營ニ相詰諸差引仕同十日晝二字より戰爭相始り十七日まて晝夜連戰薩州兵隊に不限官軍手負戰死の始末致關係同廿一日薩兵椿川ニ進軍翌日龜田城進入夫より追擊進軍にて淸川より庄内城下ニ衝入候處謝罪相立候間秋田口兵隊奥州福島迄引揚に成同所滯陣然處先鋒隊薩軍東京まて繰入候樣被仰達中途軍食等國々入用金致大拂候樣と之趣に候得共軍料甚乏しく候間私事廿里餘り相隔候樣山本營ニ夜白引返し參謀局より軍料二千金致拜借人馬奉行福山淸藏ニ追々同人筆者石原嘉兵衞ニ大拂爲致見分仕喜連川領にて人馬方ニ追付一緒に千住まて繰入申候同所辰十一月廿日出兵同十二月十日京着仕候處人馬奉行滯京に付土工夫幷人馬方付役大迫彥左衞門召列罷下り候樣致承達同十三日致下坂同廿一日平運丸ニ乘艦被　仰付候

處風波不宜同廿六日日州細島港ゝ著船候處痛も相見得候間致上陸夫より
陸行にて當巳正月四日罷歸候御屆申上候此段申上置候以上
巳二月四日

横目付
集成館掛リ
中江八左衛門

○

慶應三卯十一月より明治二巳二月迄

上京以來諸所在陣中覺書

肝付郷右衛門

小荷駄惣括

折田要藏
人馬奉行
三島彌兵衞
御徒目付
吉田清藏

右者一昨卯年十一月同局にゐ上京被　仰付京都道正庵著陣同十二月九日以來騷動伏見鳥羽表諸所戰爭初中後局中にゐ關係之儀何篇遂示談致取扱候得共辰正月五日以來丹波表ゐ出張有之由初終之事件存不申尙又當人より可申上候

檢者
小野彥兵衞
兵員方筆者
新納宗之助

人馬方筆者
近藤勘左衛門

右一局ニ被召付上京道正菴ニ著陣以來局中惣人數賄焚出等之諸出納取扱卯十二月九日以後之騷動伏見鳥羽邊諸所ニ兵隊出張運動に付夜白土工夫出入差引は勿論戰爭初中後に至る迄數百人之雇入夫車力運用布屋陣木屋打方等之致都合二月十一日東海道筋出軍之砌右勘左衛門には同局ニ被召殘跡殘土工夫等之差引致取扱彥兵衛宗之助儀者東山道出張同局樺山休兵衛方ニ被召付候

普請方筆者
東郷榮之助

右同局にて上京被　仰付道正菴ニ著陣諸事前件同様一局にて申談取扱然るに二月六日ゟ浪華城燒跡長藩取會片付方之處に雇入人足より早々致下坂候様本營より承知依て右榮之助爲差引普請方人足休右衛門金四郎休太

郎與助休次郎彌左衛門市太郎休太郎金助淸助龍右衛門外に鄕夫拾人召列出立同七日大坂著舟御留守居方ぃ引合同日人足召列致登城候處土持佐平太先達ゐより取掛居候央にゐ示談同八日より取付候賦に相決置候同夜京都道正菴本局より東海道筋出張小荷駄奉行に付ゐ出軍相成候間早々可致登京書狀到來依ゐ其手當等いたし同九日京著夫より諸都合彼是にゐ同十一日より諸隊同様進軍相成候儀道中之仕末片付より件々申上候其後三月四日三島之驛より兵隊繰出に付前日夜入前急に宿割被命付木村吉左衛門兵粮方付役川畑森右衛門人足助次郎京都雇入筒井屋善太郎外兩人召列差越長藩佐土原大村等之藩々引合箱根より藤澤迄驛々休泊之宿割幷人馬之手當其後東京在陣中肝付一局に罷在且閏四月五日より下總表進軍姉ケ崎ぃ兵隊進擊之砌生捕相成居候舊幕步兵小林源太郎入山力三郎田守淸吉保野保之助儀本營より小荷駄局ぃ被引渡東京ぃ差送候樣承知彈藥幷分捕之砲器類且土工夫其外雇入人足右生捕之者一緒姉ケ崎より舟ぃ召乘せ出舟

同十二日神田橋橋下ゟ著舟先達ゟ肝付には陸行ゟ酒井屋鋪ゟ歸陣相成居候間同局ゟ歸陣右生捕之內ゟ薄手之者兩人有之療治方は勿論衣服幷金子等銘々被與へ本營より政府ゟ屆相成程經て糺明局ゟ差出候樣承知付役木村吉左衞門大工川添喜之助ゟ爲致宰領引渡相成候其後五月十五日上野戰爭之仕拂豫肝付より申上候左候ゟ同廿九日より白川爲應援諸隊繰出之處宿割幷人馬等之手當被命付役右吉左衞門喜之助人足淸助福島屋夫淸吉外兩人井筒屋夫一人召列前夜出立千住より白川迄驛々休泊之宿割幷人馬之手當等申達六月六日白川著陣東山道出張小荷駄奉行樺山休兵衞方ゟ合併諸事出納之事務同局中にゟ取扱其後八月十五日同所より諸隊進軍之砌病院局上下六拾人餘三春ゟ轉局に付彈藥砲器類一緖に彼方ゟ致運送候樣被命同局大野善之進大工川添喜之助山下善之丞付役之場にゟ召仕人足淸助源次郞雇入福島屋淸吉彌助井筒屋善太郞外に二人手負は素より彈藥等夫々手配致護送同十九日三春ゟ著同廿日右大野には二本松進軍本局樺山休

兵衞方ゟ致歸陣候其砌三春は諸藩入込にて手負五六人も同宿にて療養を加へ候町家も無之夫故諸所散宿相成居候處御雇醫師佐倉藩佐藤遠倉次其意等より箇樣に宿々相離れ殊に少人數つゝ分宿相成候而者療治方も届兼候付大成寺院にても相圓め呉候樣承則同所藩國事掛園部成美其外ゟ引合龍穩院を病院取建候儀及示談取窮候隨分二百人位は入院に而も手挾に無之早速より雪隱風呂場調方木材大工等彼藩ゟ致示談出來左候而衣類蒲團は勿論炭油燭臺行燈蠟燭木綿紙綿鹽藥種類其外日用之品々看病人手當方且兵食之儀太政官會計局渡邊祐次郎其砌同所ゟ在陣にて候間遂面會三春公より引受相成候樣被命度旨申出候處其通に相成追々町宿之面々入院之賦候處二本松諸所若松進擊手負戰死も不少時々戰地より送越入院相成候故町宿之面々轉院申合戰死は時々埋葬旁石塔建方等も半方同所石工龜吉ゟ調立申付跡追々手を述置候處白川より致運用候彈藥類品々同所公之板藏三ヶ所國事方園部成美等ゟ引合備入致格護置候處若松戰地拂底相成向

にて器械方付足輕津之目傳太郎運送方として右榮之助下宿ゟ差越候に付
則同所郡代橋村傳八郎軍夫局岡野九十九等ゟ引合人馬立方之儀及示談候
處各藩同樣之向にて餘多之人馬差立有之人少之場所にて一緒には參り兼
候得共不容易彈藥殊に御藩よりの御手當に付て者別段之事に承候趣にて
精々差立候得共近道十八里餘有之山中難場牛又者駄馬而已にて送越事故
重荷を過分に付越候儀調兼候處より一緒に大粧之夫馬不差立候て者戰地
十分之備へ不相成依て太政官會計局渡邊ゟ引合右等之件々申述人馬一向
關係相成候樣申出候處近領守山藩等ゟも可致手當承屆候同廿七日又々付
役前田清六差越其砌牛馬六十二疋夫四十八餘致都合尤運送目印之爲旗四
百五十餘俄に取仕立相用九月朔日器械方伊地知十郎差越尙又運用之儀承
右に付郡代橋村又者軍夫局鎌田泉藏會計局渡邊ゟも一涯催促致當日人馬
都合調候丈彈藥に付添候て右十郎は歸陣付役坂口猪太郎外に一人殘置同
八日津之目又促差越同十日迄凡軍備相整候趣にて付役共にも歸陣右彈藥

運用夫馬賃錢拂本手會計局より相受取追々右要用に相渡用途に相成候且同局大野善之進儀去る五日本營澁谷泰藏一緒に若松表より手負致護送候處病氣に有之入院相成居候處同十日榮之助共に病院掛被　仰付候旨伊勢殿より御書付若松出張東山道出張本局樺山休兵衛方より布告相成夫より以前九月廿二日

朝廷大病院當所ハ御取建相成候者諸藩都合可然と存佐藤倉次之兩醫ハも得と談合之趣を以太政官會計局礒貝小左衛門太田小太郎渡邊祐次郎等ハ引合候處件々尤之儀乍然參謀渡邊清左衛門二本松ハ在陣昨今歸陣之賦候間夫迄相待吳候樣承日々致催促候處漸々同晦日大病院被召建候儀決議相成佐藤倉次病院頭取相成候其折醫師も段々相重十二番隊坂元忠節を初め宮《マヽ》藩永井文載大田原藩阿久津有喜博多文岱木形道本和田壽太郎東條祐本同周三佐藤良梁佐倉藩大瀧當藏等病院日々盛に出入有之然共全體時勢につれ何篇不如意之場所にて病院日用之品さへ容易に調兼候も有之殊に龍

穩院は三方山を受至極陰地追々肌寒は相成早目に蘭醫之療養を賴度一同
横濱江差越候を差急候付院醫中江も遂吟味候處何れ御差送相成に付而者
則今之方宜敷先に相成候得者人別火燵等之手當にも不相成候而者寒氣之
憂も有之肌馴さる身には疵の爲不宜段衆口に承書通にて者往返日間込み
候付九月十一日出立猪苗代泊にて若松出張本局樺山休兵衞方江參陣卽刻
本營相良治部江細事病院之情實件々申出候處無餘儀譯合早速衆議を可遂
承同十八日迄滯陣當日本營にて横濱送之決議に相成若松病院よりも十六
人餘白川迄可差送候付一緒に繰込致護送候樣承若松滯院大田原藩醫相馬
松齋岡玄庵三春江被差遣同所より手負送療養を被命當日一列にて若松出
立夜白三春江著院右に付榮之助には
朝廷大病院之儀にて會計局江も形行引合之賦にて本宮迄差越候處其折二
本松江在陣之由承則彼方へ差越渡邊祐次郎江面會右之事件申述道中費用
金等相受取三春江歸院佐藤等江も右形行申聞院中取調坂本中節永井文裁

岡幷相馬其外若松より召列候小荷駄局付役川口仲助土工夫清助井筒屋善太郎外三人則手輿宿駕籠作調等申付惣人數六十人餘雜病(人)殘置大野善之進土工夫八太郎福島屋夫等召仕諸事爲取扱滯院榮之助には三百六十人餘人足致手當同廿四日同所出立須加川泊にて同廿五日白川江致著候處若松解兵追々兵隊も彼方へ引上け相成手負人は遊擊隊四役場貴島吉之助より護送相成居候て夫より一列に繰込醫師等も相重惣人數百三人相成右吉之助には宿割旁として先江差越付役川口にも同樣差遣す驛々休泊之手當尤佐土原藩藤井隼人堤惣次郎長友彥右衞門高山權左衞門小野新藏神崎傳兵衞橋本政次郎圖師宗兵衞手負にて送方に付黑木傳治より一列に繰込吳候樣承宿割人足等之儀一緒に手當申達療養之儀は醫局より致世話在候而道中古河より川陸双方致吉之助にて川舟より十四五人を受持醫師濱田瑞庵中島貫治等乘舟にて東京著橫濱迄差越陸行は品川迄送越候處橫濱大病院東京藤堂屋鋪江引直相成候間右江入院有之候樣承達依而引戻し彼方江送越

醫局幷役筋江引合銘々配宿兩日滯院付添之醫師は殘置夫より小塚原滯陣本局樺山休兵衛方江歸陣に付一局相成候左候而各隊局々西京之樣歸陣に付道中兵粮幷夫馬之拂從政府金子御渡相成右休兵衛相受取辰十月十六日より本營一番隊二番隊三番隊一番大砲隊小荷駄局肝付郷右衛門出立付賄方は銘々勝手之賦にて夫々金子渡方致夫馬之拂小荷駄局より受持驛々致取扱十一月三日著京同十七日　御酒頂戴等被　仰付東山東海在陣中取扱之諸出納凡九萬餘金諸拂帳幷出入差引總帳取建且殘金相添東海道は十二月晦日肝付郷右衛門より會計局江差出直樣右郷右衛門には同日出立大坂江罷下り東山道は正月三日樺山休兵衛檢者小野彥兵衛右榮之助持參にて同樣會計局江差出右休兵衛には外御用被殘置候付同四日右彥兵衛榮之助同所出立にて大坂江罷下巳二月朔日蒸氣船より致歸國候事

下目付

鎌田清太

右は同局にて上京被　仰付道正庵ゟ著諸事右同樣致關係伏見表兵隊出軍

布屋打方等ゟも土工夫召列差越二月十一日より東海道筋出軍之砌兵粮方

川路正右衞門一列にて付役川口仲助召列尾張宮迄驛々休泊之宿割夫より

東京著閏四月五日より下總表兵隊繰出之砌は酒井屋鋪ゟ警衞之爲被殘置

戰爭後本局歸陣にて一局相成五月廿九日より白川出張六月七日著陣東山

道樺山休兵衞方ゟ合齊其後三春表進擊之砌土持佐平太方ゟ分局相成候付

其以後彼方より申上候

小荷駄方筆者寄

大野善之進

右者去る寅年島津良馬組伍長にて上京被　仰付置候處一昨卯三月御暇被

成下候得共隊中より依願滯京　御所警衞被　仰付無間も下坂五卿御上京

御供にて罷登其後右隊兵粮方被命去辰正月戰爭之砌淀より大坂迄進擊高

松屋鋪ゟ宿陣姬路征伐之賦にて明石迄出張之處に降伏相成然に關東出軍

被仰渡右隊者解隊にて配隊相成辰二月九日歸京夫より東海道筋出軍小荷駄奉行肝付郷右衛門付被　仰付同局同十一日繰出相成候得共先隊ゝ諸首尾有之居殘り同十三日出立同十六日宮驛にて追付夫より肝付方ゝ一局其後閏四月五日下總舟橋表ゝ兵隊繰出諸所進擊五井邊にて手負有之八幡ゝ病院被召建醫師有馬意運山口玄安齋藤貫一右療養として滯院大工川添喜之助付役ゝ場にて被召付長藩佐土原等ゝ藩々引受同樣取扱同十一日木更津表より兵隊引揚に付病院東京ゝ引越候樣承知外藩々手負人一緒に東京ゝ引取銘々歸陣肝付一局に罷在夫より五月廿九日白川表ゝ繰出ゝ砌者前以より病氣にて橫濱病院入院ゝ儀本營ゝ申出彼方ゝ差越五十日餘滯院致快氣同七月廿六日白川表ゝ參陣東山道出張本局樺山休兵衛方ゝ合併其後八月十五日同所より本宮表ゝ進擊ゝ砌三春ゝ病院局轉院且砲器類幷彈藥運送方に付數百人ゝ夫馬相立取扱ゝ儀被命東鄉榮之助一緒に差引として大工幷土工夫等召列致護送右榮之助にて病院取扱旁に付滯院同廿日同所

出立同廿四日若松ゟ差越本局樺山方ゟ參陣然處攻城に付手負人相屯九月三日本營澁谷泰藏醫師濱田瑞庵齋藤貫一等同列にて五十餘人三春病院方ゟ送越中途より病氣相煩養生に付滯院中右榮之助一緒に病院掛被　仰付同十一日右同人には手負人橫濱送之事件に付戰地若松ゟ伺方として被差越同廿日三春ゟ歸陣早速より諸手當有之同廿三日同所出立手負人彼是六十人餘護送相成然處若松表解兵相成兵隊東京ゟ引上に付跡病院ゟ殘居候雜病人致守護東京ゟ送出候樣於同所伊勢殿より承知之趣本局樺山休兵衞方より兵粮方付役川畑森右衞門を以申越候付則より取調同廿六日より同所出立十月五日東京小塚原御陣右樺山方ゟ著陣候處右致護送候人數も銘々本隊ゟ引渡候樣致承知各隊ゟ相渡同十六日より十七日歸京之隊々兩日に出立被　仰付各隊荷物之儀阿州蒸氣船御借入相成被差廻候に付差引として致乘舟候樣承知付役木村吉左衞門等召列致乘舟十一月五日大坂ゟ著舟荷物等大坂手形所ゟ引合格護之上在陣中金銀諸出納之儀も有之首尾旁

致上京候處無程付役幷大工土工夫被差下候に付差引として罷下候樣承知致し同廿六日京都出立同局速水吉之丞付役右吉左衞門川畑森右衞門大工川添喜之助山下善之丞其外土工夫等一緒に異船ゟ乘込同晦日御國許ゟ著舟いたし御屆申出置候事

檢者

高橋金次郎

右者京都にて同局ゟ被　仰付戰爭中伏見鳥羽邊ゟも差越砲器旁運用取扱致し二月十一日以後之儀は同局ゟ被召殘候付當人より可申上候

付足輕

千田半藏

木村吉左衞門

恒吉壯太郎

右者一昨卯年上京之砌一局ゟ被召付京都道正庵著陣以後寺陣受持普請旁

多端罷成賄焚出等之儀共都合致し殊に戰爭初中後彈藥運用車力才領等申付其後半藏には飛脚にて御國元ゟ被差立候壯太郎には東山道出張小荷駄奉行樺山休兵衞ゟ被召付辰二月十三日出立進軍吉左衞門には東海道筋出軍同局肝付方ゟ被召付諸所進擊等之節多人數之雇入人足見締物買出納彼是盡力致し東京より白川繰出之砌は東鄕榮之助ゟ被召付宿割として進軍致し著陣之上東山道同局合併にて罷在其後彈藥買入方に付肝付東京ゟ被差越候砌召列差越居候處若松解兵にて東京ゟ兵隊引揚之上辰十月十六日より歸京之砌諸隊荷物蒸氣舟より浪華ゟ被差廻候付大野善之進ゟ被召付右上乘にて大坂ゟ著舟直樣登京致し居候處速水吉之丞右善之進ゟ被召付京都出立辰十一月晦日御國元ゟ下著致し候事

付足輕
川口仲助

右者辰二月十一日京都出軍之砌同局ゟ被召付鎌田治太爲宿割宮驛迄被差

越候付召列其後東京著高輪より兵粮方川崎正右衛門方ㇸ差遣置五月廿九日東京繰出白川著にて東山道同局樺山休兵衛方ㇸ合併にて二本松より若松進撃然る處三春病院方より手負人横濱ㇸ送方に付九月十八日より東郷榮之助ㇸ被召付彼方ㇸ差越夫より東京筋驛々宿手當として横濱迄差遣彼方より又々引戻し東京小塚原在陣本局ㇸ歸陣候處十月十六日同所出足歸京に付召列十一月三日京著其後追々在京人數相減鎌田清太ㇸ被召付京都出立御國元ㇸ被差立十二月十九日蒸氣船より下著致し候事

付足經

木村龍太郎

右は京都道正庵著陣後土工夫追々諸隊々より小荷駄局ㇸ被召入候處百二拾人餘相成普請場見締宿陣中出入旁別て入念候折柄段々御用筋多端相成其趣申出被召付戰爭初中後二月十一日迄外付役同様召仕出軍之砌は同所ㇸ被殘置候

大工
傳事方附士
桑波田清右衞門

右辰正月廿九日より大坂ゟ罷下り三月廿九日登京致し六月五日より越後諸所庄内表ゟ出張致し巳正月十五日御國元ゟ下著致し候

右同附士
川添喜之助
山下善之丞

右辰二月十一日より東海道筋出軍小荷駄奉行ゟ被召付同十一月晦日
右同樣下著致し候

川上東馬家來
小原吉之助

右辰正月五日より折田要藏但馬表ゟ召列越三月廿五日登京にて越後

表ニ出張致し巳正月十五日右同様下著致し候

島津助之丞家來
國生覺太郎

右辰正月十三日より大坂ニ罷下り四月十五日登京にて六月五日より若松ニ出張

右同家來
國生宗次郎

右辰正月廿九日大坂表ニ罷下り四月十五日登京同廿四日より越後表ニ出張

島津仲家來
市來矢次郎

伊勢雅樂家來
永峯袈裟五郎

右辰二月十三日より東山道出軍小荷駄奉行樺山休兵衛ゟ被召付候
堀萬十郎家來
財部善左衛門
右辰二月十八日より病氣煩付同四月病死致し在陣之御取譯を以て戰死同樣被　仰付候
福昌寺門前
山之内熊太郎
右辰正月廿九日より大坂ゟ罷下り三月廿九日登京にて六月五日より越後表ゟ出張致し候
合大工拾人
右一昨卯年同局ゟ被召付上京被　仰付道正庵ゟ被召置候處外寺陣受持普請場多端に相成寸障無く召仕戰爭初中後陣木屋打等は勿論付役之場にて伏見鳥羽諸所ゟも爲致運動殊に右喜之助善之丞儀は東海道筋出張小荷駄

奉行肝付郷右衞門ゟ被召付出軍諸事付役同様召仕手負又は戰死人等有之砌は手輿其外棺廻等爲作調在陣中歸陣迄彼是盡力致し辰十一月晦日速水吉之丞大野善之進ゟ被召付御當地ゟ被差下袈裟五郎矢次郎儀は東山道出張同局樺山休兵衞方ゟ被召付出軍其餘も銘々前件之通出軍被　仰付候得共自其局々より可申上候

営繕方人足
美坂龍次郎
定番夫
下人
休太郎

右者一昨卯年十一月上京之砌一局ゟ被召付主取夫にて道正庵著陣後寺陣普請場等ゟ召仕布屋陣木屋打等は勿論伏見鳥羽戰爭之砌は餘多之雇入人足にて彈藥幷諸運用車力夫等之差引致し其後二月六日より浪華城燒跡片付方に付東郷榮之助被差越候砌は彼方ゟも被差遣同十

一日東海道筋出軍小荷駄奉行肝付鄉右衛門ゟ被召付在陣中土工夫幷大粧成雇人夫方差引別て盡力職掌筋相勤候

松崎彦兵衛 下人

上夫

太左衛門

加治木十郎 下人

定夫

助次郎

國分市十郎 下人

定夫

理平次

井上喜八郎 下人

上夫

與　助

本田徳次郎下人
上夫　源次郎

右同様一局ゟ被召付道正庵著陣以後前件同様其後東海道筋肝付召列
出軍東京に於て大砲隊ゟ相渡候

鎌田喜之助下人
定夫　清　助

右前件同様辰二月十一日より東海道筋出張に付被召付在陣中諸所進
撃に付ても別て骨折然るに歸國之砌當正月廿日夜大坂安治川町に於
て深手を負相果形行申上候處戰死同様被　仰付候

野村六右衞門下人

定夫

休次郎

右前件同樣東海道出陣に付被召付東京著陣閏四月五日より下總表諸所戰爭に付彼表ゟ出張歸陣以後病氣相煩橫濱病院ゟ被入置候處辰七月蒸氣船より被差下候

野村清兵衛

定番夫 下人

金四郎

和田清右衛門 下人

當分大砲局主取夫

與四郎

有川才之丞

定夫 下人

休太郎
中西十郎左衛門
定夫　下人
金助
高崎七右衛門
定夫　下人
新太郎
谷村孫八
上夫　下人
喜次郎

右前件同様辰二月十三日より東山道筋出軍同局樺山休兵衛方ゟ被召付候

伊地知左太夫下人

當分大砲局主取夫

理　助

八木新右衞門
下人

上夫

喜太郎

右前件同樣辰正月四日より折田要藏召列但馬表ゟ差越同二月八日歸京致し四月廿六日越後表出張小荷駄局ゟ被召付候

松元藤左衞門
下人

上夫

猪三次

右伏見戰爭之砌は臼砲隊ゟ相渡其後四月廿六日より越後表出張小荷駄局ゟ被召付候

中馬源之丞
下人

上夫　助次郎

右伏見戰爭之砌は道正庵にて晝夜兵粮焚出に相掛置候其後四月廿六日より越後表出張小荷駄局ゐ被召付候

福島新左衛門　下人

上夫　淺太郎

右前件同樣辰正月四日より折田要藏但馬表ゐ召列越二月八日歸京其後病氣にて京都より被差下候

大田仲次郎　下人

定夫　辰次郎

右前件同樣にて其後病氣にて被差下候

右八足

合二拾八

諸郷寄夫

川上村

主取

與四郎

伊集院

淺右衛門

森右衛門

八太郎

甚太郎

頴娃

清右衛門

加世田
貞右衛門
谷山
七右衛門
伊作
次郎助
川邊郡山田
次郎助
櫻島
金太郎
諸郷寄夫
右合人數十一人
右之通一昨卯十一月上京之砌被召付罷登候

營繕方人足

和田清右衛門下人
定番夫　小市

鵜木孫兵衛下人
定夫　金次郎

福島新左衛門下人
定夫　市太郎

右京都著陣以後諸隊より餘夫にて土工手方江被召付道正庵にて相受取辰正月四日より折田要藏但馬表江召列差越歸京同四月廿六日より越後口出張小荷駄局江被召付候

本田六左衛門

上夫

下人

金太郎

川上次右衛門

上夫

下人

猪之助

川畑魯水

上夫

下人

四郎

兒玉喜兵衛

上夫

下人

新助

右道正庵著陣後諸隊より被召入辰四月廿六日より越後口出軍小荷駄

局に被召付候

伊集院源五
寄定番夫　下人　長次郎

寺山源右衛門
定夫　下人　次郎助

伊勢十兵衛
定夫　下人　金四郎

大脇彌五右衛門
定夫　下人　芳太郎

右前件同様にて辰二月十三日より東山道筋出張樺山休兵衛方ゟ被召付候

松崎仁右衛門下人
當分大砲局主取
龍右衛門

本城十右衛門下人
定夫
十太郎

右者伏見戰爭之砌者臼砲隊ゟ相渡其後辰二月十三日より右同局出軍樺山方ゟ被召付候

上原善四郎下人
當分大砲局主取夫
市太郎

國分藤次郎
　下人
定夫　與助

右同様大砲隊ゟ相渡其後辰二月十三日より東山道出張右同局樺山方ゟ被召付候

吉井平右衞門
　下人
上夫　休助

井上嘉右衞門
　下人
定夫　庄助

右同様大砲隊ゟ其後辰二月十一日より東海道出軍小荷駄奉行肝付郷右衞門方ゟ被召付候

二階堂始
寄定番夫　下人　休太郎
竹下藤助
定夫　下人　袈裟次郎
佐藤半兵衛
定夫　下人　仁太郎
長谷場休左衛門
上夫　下人　與四郎

右辰二月十一日より東海道筋出軍小荷駄奉行肝付郷右衛門方江被召

付仁太郎儀は沼津の驛より大砲隊江相渡與四郎儀は於東京臼砲隊江相渡在陣中江被召付候

大山彥右衛門

定番夫

下人

休右衛門

奥四郎

定夫

下人

理右衛門

松山休右衛門

定夫

下人

庄吉

前田新四郎

下人

定夫

次郎助
岩山新兵衛下人
定夫　彌左衛門

右伏見諸所戰爭後病氣相煩京都より被差下候然るに理右衛門儀は於京都辰五月十一日致死去候

右營繕方人足

合二十六人

右者道正庵ゐ著陣以後追々諸隊餘夫にて被召入候

川上村　嘉右衛門
串木野　長太郎

指宿
袈裟次郎
谷山
彦四郎

右辰二月十一日より東海道出軍小荷駄奉行肝付郷右衛門ぃ被召付候然る
に嘉右衛門儀は於若松致手負先達て形行申上公役御免相成候長太郎には
下總表戰爭以後病氣相煩横濱病院方ぃ召入置候處去辰七月被差下候袈裟
次郎には去辰閏四月より右同樣病氣相煩終に八月九日於横濱死去在陣中
の御取譯を以戰死同樣被　仰付候彥四郎儀も右同樣病氣相煩同七月九日
於同所死去在陣中の御取譯を以右同斷被　仰付候

町夫
新納主稅家來
白濱源次郎

西田彌右衛門家來
山口長太郎
町田龍右衛門家來
大山勝之助
畠山丈之助家來
大山金太郎
北郷權五郎家來
松本十太郎

右者道正庵著陣以後諸隊々より餘夫にて被召入候其後辰二月十一日
より東海道出軍小荷駄奉行肝付鄕右衛門ゟ被召付進軍右十太郎儀は
於東京病氣相煩橫濱大病院ゟ召入置候處辰七月御國許ゟ被差下候

右八人足
合六十七人

右者伏見鳥羽諸所戰爭に付ゐ者卯十二月九日以來不容易形勢成立御所内布屋陣木屋打兵隊諸所運動に付ては彈藥類大砲又は兵粮運用車力等の押夫御屋敷幷道正庵晝夜兵粮焚出且戰爭央御近火之砌は乍暫時も別て相働御褒美被下候儀共有之其外局中より時々諸所ㇸ召列差越就中定番主取夫等の儀は餘多の雇入人足差引都合いたし其内辰二月十一日より關東出軍被召付候得共在陣中何れも夫々兵隊局々ㇸ相付驛々數百人の人馬繼立等に付ては諸藩同時に込合混雜の央も方向不取失樣行屆彼是無勝劣盡力職掌相勤申たる時宜御座候

和田彥右衞門家來
中　江　善　八

重留町
藤　四　郎

右者東京本田町八足にて數年被召置候處辰正月伏見戰爭後京都ㇸ罷

登道正庵小荷駄局ゟ被召入其後二月十一日より關東出軍に付肝付ゟ被召付藤四郎儀は兵粮方川崎正右衞門方へ相渡在陣中同樣にて辰十二月晦日御當地ゟ致著候

平田平六家來
伊地知八郎
佐多彥五郎家來
黑木喜次郎
村橋直江家來
三輪萬助
樺山源太郎家來
大當仲八
市來
兼太郎

川上喜八郎家來
川口熊太郎
權太郎
源次郎

右者東京著以來小荷駄局ゐ召仕諸所進軍熊太郎には上野戰爭後より病氣相煩横濱病院方ゐ被入置候處辰七月御當地ゐ被差下候權太郎には一番遊擊隊ゐ相渡置候處下總表戰爭の砌五井にて手負横濱病院ゐ被入置候處辰七月被差下候源次郎儀五月十五日上野戰爭當日より大砲隊ゐ被入置候處辰十月御當地ゐ被差下候

肝付鄉右衞門家來
池田伊太郎

右は一昨卯年十一月上京の砌召列罷登在陣中は付役等の場にも相用巳二月召列罷下候

右は一昨卯年十一月上京以後伏見鳥羽より引續關東出軍在陣中歸陣迄銘々職掌筋初中後關係の件々申出候樣承知仕豫如斯御座候以上

明治二年巳二月

肝付郷右衛門

○

東山道出軍小荷駄方樺山休兵衛一手之人數從卒迄凱陣迄之間前後出入旁之譯且右人數之內伏見戰爭等關係之儀取しらへ候樣承知仕左に申上候

小野彥兵衛事去々卯十一月

太守樣就　御上京小荷駄奉行三島彌兵衛一同にて上京被　仰付罷登居候處去辰正月三日伏見戰爭相始諸隊ﾆ彈藥差續或戰死人數取始末旁に付土工夫御作事方人足等召仕諸差曳仕速水吉之丞事去る寅四月より物主島津

良馬組什長に而上京被　仰付罷登翌年良馬組御暇被下候砌より追々事變之勢も相見得既に
御上京にも差掛り候處より隊中一統申談在京之儀奉願趣有之出立被召延其後貳番遊擊隊小隊長大追喜右衛門に而吉之丞に者右之四役場被　仰付候處去々卯十二月九日より俄に兵隊繰出
御所内警衛被　仰付晝夜相詰居候處同十六日より五卿方歸洛に付衛兵右喜右衛門隊下坂被　仰付同廿九日致歸京然に去年正月三日より伏見邊之戰爭則出軍にて其内追々賊徒致敗走候付伏見より淀橋本八幡楠葉村大坂迄追擊於同所滯陣之處播州姫路之城征伐被　仰付諸隊繰出候得共疾に降伏之由にて人數曳揚爲抑滯坂被　仰付置候然處關東御親征被仰出小荷駄奉行樺山休兵衛下目付私共兩人書役新納宗之助足輕恒吉宗太郎平山八太郎大工永峯袈裟五郎市來矢次郎其外御作事方人足土工夫等召列東山道筋出軍武州板橋江暫滯陣之處野州宇都宮藩より賊徒諸所江屯集之段報知有

之岩倉殿より各藩ゟ出軍被仰出野州表ゟ出兵宇都宮其外諸所戰爭等之節
々賊徒悉敗走奥州白河之儀も五月朔日及落城候間彼地ゟ滯陣連日之戰爭
者勿論是迄之接戰手負戰死も不少時々最寄寺院ゟ埋葬手負之儀者疵之依
深淺横濱大病院ゟ被差送私共度々爲見締被遣吉之丞には彈藥買入方被
仰付彼是致都合候儀も有之同九月廿二日會津城主降伏に付翌々廿四日諸
隊曳揚にて武州之内小塚原ゟ著致滯陣同十月十五日同所出立東海道筋宿
割として致通行京著之上暫滯京諸首尾合等いたし左候ゆ付足輕大工御作
事夫土工夫等召列差曳にて東海道出軍小荷駄方大野善之進弁吉之丞同十
一月晦日歸陣仕彥兵衞儀者御用に付居殘當正月十日歸陣仕候
但吉之丞下人小太郎去寅四月より召列罷登是迄召仕申候
右之通御座候間此段申上候以上

巳五月

小野彥兵衞

○

速水吉之丞

九月八日庄賊千餘人秋田城より五六里相隔候小種村福へら（部羅）邊の番兵を破り終に川乗越民家を放火し其勢ひ破竹の如豊島を破て秋田城を落すの勢ひ顯然たる由當夜八字頃神宮寺澤殿御本陣へ注進有之候付弊藩より分隊にて速に走向打拂度段澤殿へ奉願候處其通被　仰付候急に松倉弁間倉二里餘の内より分隊拔擧三小隊に相成夜一字頃に豊島の方進軍刈和野に夜明候

一同九日夕刻六字豊島に著陣則致探索候處賊未突出不成故兵隊も出先より豊島迄拾三里餘晝夜兼行相勞候付陣營四方に番兵を出し致一泊候、

一同十日七字頃より斥候兵を諸道に出し賊の屯集探索に及候折柄一字頃賊五六百人餘豊島を急撃と相見得拾町之所に襲來候段斥候馳歸報知有

之候付神速三小隊を繰出し秋兵筑兵も同様則出逢頃之戰爭に相成賊頻りに進來候得共官軍益憤進猛擊賊少々退高岳之要害に臺場を築き嚴く致防戰候處終に夜に入候間其儘に伏兵終夜砲戰互に不相止候

一同十一日未明より要所高岳を目掛四方より急擊兵士盛に責登候折秋藩澁江内膳手も横合より突出四方よりの猛擊に賊こらへ兼大狠狽其節賊を討取候事數しれす大敗軍と相成逃行候處十五六町茂林の中に踏止り嚴く發砲候得共倍急擊賊追散し其儘致伏兵候

一同十二日夜明候處賊不相見得候付斥候を以致探索候處賊今未明より川を越へ逃行候段報知有之則急擊候處大小砲幷彈藥等夥く死體四十人餘捨置川を越逃行候處を目掛味方突進都而川外に追拂候處川邊に番兵を付置其餘の兵者民家に致休息候

一同十三日今朝七字頃より賊山野潜伏も難計候付致探索候得共一圓相見得不申候

一同十四日境へ備置候一分隊より報知有之候者刈和野邊より庄賊多勢川を越刈和野嶺吉川に根據を居へ往還を塞而已ならす本道より久保田城下へ致進入候旨注進有之幸豐島近邊昨夕迄にて賊追拂一圓不相見得候付一小隊先鋒として今朝六字豐島を發し境へ致進軍候

一同十五日未明より一小隊半本道爲應援境へ致進軍候處角館より致進軍候長州小倉豐島より差向候一小隊戰爭央に馳付致手配往還幷左右の山手に繰出し進擊に及候處賊川向の要害に楯を取防戰す夜入時分賊分隊を以味方の後に致突出候得共官軍愈憤激追散し其時賊生捕切捨數多御座候最早夜に入候間互に伏兵川を中央にして終夜致砲戰候

一同十六日夜前より連戰益盛にて大小砲互に烈く發砲終日川越の打合にて夜に入て嚴く打掛候處十二字頃賊退去と相見得砲聲遠く相見得候得候得共地利不分明故其儘致伏兵候

一同十七日夜明候處大小砲幷彈藥等捨昨夜半より至急に川を越龜田領に

逃去秋領に賊不相見得段報知有之候付猶致探索候處殘兵潜伏之者も數多有之候付生捕或は首を刎候左候而惣軍申合刈和野へ致會集候去る十日より十七日迄豊島幷境一七日之連戰中手負戰死左之通

奥羽鎮撫
総督府
軍監
戰死　志岐太郎次郎
監軍
手負　小倉齊之丞
兵士
戰死　大山宗之助
右同
手負　牧　十左衛門

右同

手負　伊勢勘兵衛

番兵

兵士

手負　松元甚助

右同

手負　安樂平助

右同

手負　鬭屋八太郎

右同

手負　田中早右衛門

右同

手負　米良藤右衛門

右同
手負　松田六郎
右同
手負　山元源七
右同
手負　松山源藏
右同
手負於病院死　鬼塚矢太右衛門
川上東馬家來
手負　久留松太郎
夫卒
即死　三五郎
平瀬八郎右衛門
下人

右之通御座候間此段御届申上候以上

手負　次郎

薩州　田中靱負

○

口上覺

私事去る卯三月より京都兵粮方へ相勤居候處昨辰二月九日東海道筋出軍兵隊兵粮方差引被　仰付同十一日出立仕候中途儀は最寄列藩より兵喰炊出に付宿陣割付方幷人馬兵喰手當旁として被差越三月十二日江戸品川宿へ著仕候處高輪御邸へ繰込相成り滯陣中京都兵粮方同樣之振合を以兵喰焚出し爲仕候四月二日增上寺山內へ轉陣相成候に付同所にても同斷同廿一日酒井雅樂頭屋敷へ轉陣同樣焚出爲仕候閏四月五日兵隊繰出しに付出立總州市川中山八幡佐久良(倉)邊より五井姉ケ崎木更津迄被差越同十一日江戸酒井屋敷へ歸陣仕候五月廿九日白川口應援として繰

出に付出立人馬兵喰料追拂之致取扱六月六日白川へ著陣仕候同所にて
は各藩へ兵喰焚出被　仰付置候付小荷駄方樺山休兵衛土持左平太方へ
打込罷在候處彈藥買調方として六月十七日出立横濱へ被差越七月十三
日白川へ歸陣仕候二本松進軍に付須賀川驛へ人馬手當等として八月十
二日より被差越滯在仕居候處同十六日兵隊繰出之節同所引拂翌晩二本
松へ著仕候同廿日同所繰出に付出立仕玉ノ井村へ宿陣翌日棒（母）成より進
軍同廿六日會津若松へ參著滯陣中小荷駄方御用相勤九月廿三日兵隊曳
揚之節同斷出立仕十月四日江戶へ著仕候同所より兵隊凱陣之節私には
前章江戶滯陣中
惣督府會計方より應人數金穀時々申請居候間出入爲可致決算滯在被
仰付右首尾濟之上江戶出立十一月廿四日京都へ著仕候同所にて當春よ
り出陣中金穀出入總一條に付滯京被　仰付右御用相濟十二月廿八日京
都出立當巳正月十五日御國許へ歸著仕候此段御屆申上候以上

但足輕竹下小助川畑森右衞門土工夫都之城町之藤藏幷本田町人足之藤四郎被召付候御用之節は小荷駄方付役共幷同方夫方之者共寄に召仕居申候

巳三月廿五日

川崎正右衞門

薩《さつ》藩《ぱん》出《しゅつ》軍《ぐん》戰《せん》狀《じょう》一

日本史籍協會叢書 121

昭和七年八月二十五日發行
昭和四十七年三月十日覆刻

編者 日本史籍協會
代表者 森谷秀亮
東京都三鷹市大澤二丁目十五番十六號

發行者 財團法人 東京大學出版會
代表者 福武直
一一三 東京都文京區本郷七丁目三番一號
振替東京五九九六四電話(八一一)八八一四

印刷・株式會社 平文社
本文用紙・北越製紙株式會社
クロス・日本クロス工業株式會社
製函・株式會社 光陽紙器製作所
製本・有限會社 新榮社

日本史籍協会叢書 121
薩藩出軍戦状 一（オンデマンド版）

Digital Publishing

2015年1月15日 発行

編　者　日本史籍協会
発行所　一般財団法人　東京大学出版会
代表者　渡辺　浩
〒153-0041　東京都目黒区駒場4-5-29
TEL　03-6407-1069　FAX　03-6407-1991
URL　http://www.utp.or.jp

印刷・製本　株式会社 デジタルパブリッシングサービス
TEL　03-5225-6061
URL　http://www.d-pub.co.jp/

AJ020

ISBN978-4-13-009421-4　Printed in Japan